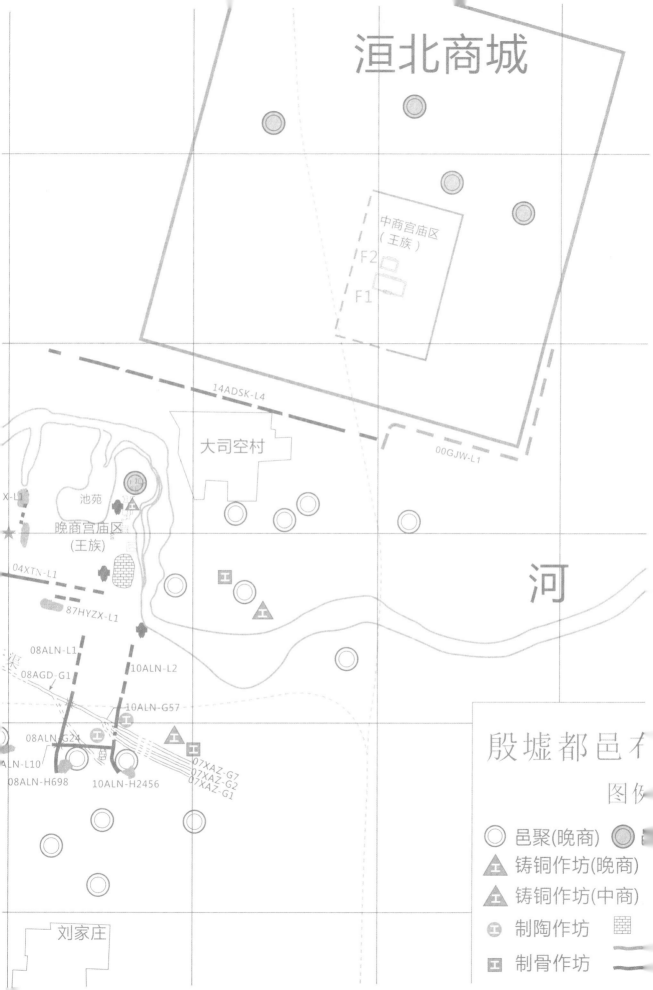

洹北商城

中商宫庙区
（王族）

F2

F1

14ADSK-L4

00GJW-L1

大司空村

X-L1

池苑

晚商宫庙区
（王族）

04XTN-L1

87HYZX-L1

河

08ALN-L1

10ALN-L2

08AGD-G1

10ALN-G57

08ALN-G24

07XAZ-G7
07XAZ-G2
07XAZ-G1

ALN-L10

08ALN-H698

10ALN-H2456

殷墟都邑布

图例

○ 邑聚(晚商) ◎

▲ 铸铜作坊(晚商)

▲ 铸铜作坊(中商)

工 制陶作坊

工 制骨作坊

刘家庄

YINXU

中国社会科学院创新工程学术出版资助项目

发现殷墟丛书
FIND YINXU

丛书主编 陈星灿 唐际根

殷墟

出 土 陶 器

POTTERY UNEARTHED
FROM YINXU

| 主编 牛世山 岳洪彬 岳占伟

社会科学文献出版社
SOCIAL SCIENCES ACADEMIC PRESS (CHINA)

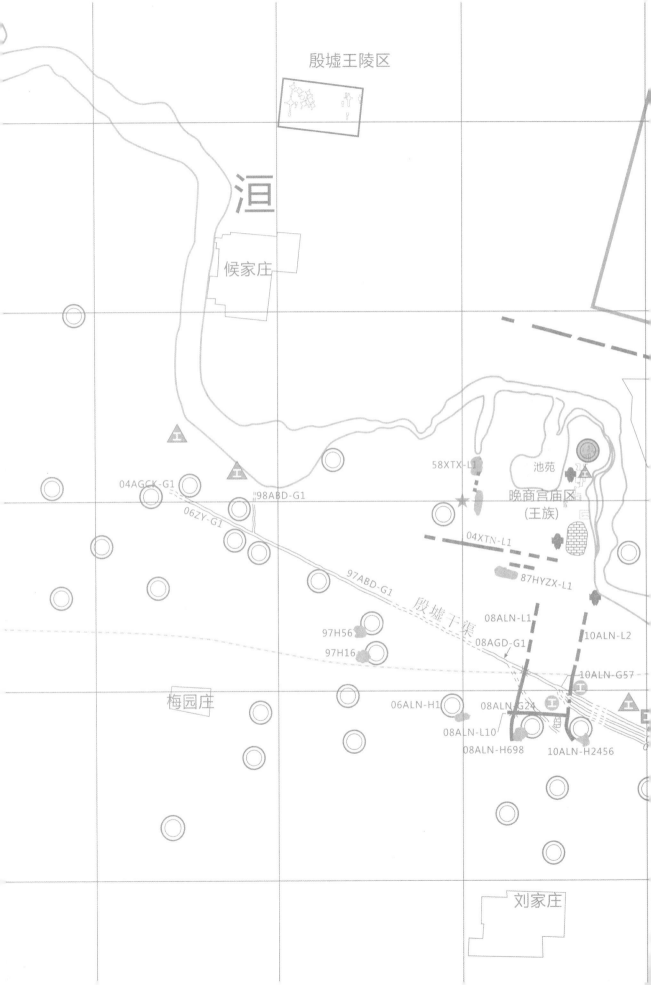

殷墟王陵区

洹

候家庄

殷墟王陵区

04AGCK-G1

06ZY-G1

98ABD-G1

97ABD-G1

殷墟干渠

58XTX-L1

池苑

晚商宫庙区
(王族)

04XTN-L1

87HYZX-L1

08ALN-L1

08AGD-G1

10ALN-L2

10ALN-G57

97H56

97H16

梅园庄

06ALN-H1

08ALN-G24

08ALN-L10

08ALN-H698

10ALN-H2456

刘家庄

发现殷墟丛书

序 一

到 2018 年的 10 月 13 日，殷墟发掘已经满 90 周年了。

殷墟的田野考古工作，从 1928 年秋天开始，到 1937 年日本发动全面侵华战争结束，中央研究院历史语言研究所在以小屯为中心的洹河两岸共 11 处遗址做了 15 次发掘工作。虽然前后只有短短的 9 年时间（1930 年因故停工一年），但是在小屯发现殷商王朝的宫殿区，在侯家庄西北冈发现规模巨大的殷商王陵，把中国的信史推到 3000 多年以前，把商文明在文化、科学和艺术上所能达到的高度也展示到世人面前。后冈的发掘，不仅发现了殷商文化在上、龙山文化居中，仰韶文化在下的地层叠压关系，即所谓的"后冈三叠层"，还肯定了龙山文化是"豫北殷文化的直接前驱"，初步廓清了商文化与中国新石器时代文化的渊源关系，殷墟成为追寻中国文明起源的一个起点。

殷墟还是中国考古学的发源地。中国第一代田野考古学家，多半都是在殷墟成长起来的。选择殷墟作为中国国家考古研究机构的第一个发掘地，建立工作站并且持之以恒地长期工作，不仅形成了中国考古学的历史学传统，也在理论、方法和技术上塑造了中国考古学。毫不夸张地说，中国考古学至今仍带有浓重的殷墟考古的色彩。殷墟考古还为初生的中国考古学赢得了广泛的国际声誉。

1950 年，新中国成立伊始，百废待兴，殷墟的发掘工作便恢复了。如果把这 68 年的工作算作殷墟考古的第二个阶段，除了"文革"期间有短暂的中断之外，近 70 年来，以中国社会科学院考古研究所（1977 年前属中国科学院）为主导的殷墟考古，又发展到一个新的更高的阶段，取得喜人的成绩。殷墟考古的时空范围空前扩大，在小屯周围方圆 36 平方公里的范围内，都有不少重要的发现。建立在陶器类型学基础上的殷墟文化分期日臻完备，殷墟考古的时空框架得以建立。在小屯西北地发现没有经过盗掘的武丁配偶——妇好之墓，这是殷墟考古史上唯一一座可以确定墓主和墓葬年代的商代王室墓。1973 年，在小屯南地发现 5041 片刻字甲骨，这是继 1936 年在小屯北地发现 YH127 坑，获得 17096 片刻字甲骨之后有关甲骨的最重要的一次科学考古发现，极大地丰富了甲骨卜辞的研究内容。

在多个不同地点发现了一系列铸铜作坊和制骨、制玉遗址。世纪之交，于洹河流域系统调查的基础上，在洹河北岸发现了传统意义上的殷墟之前的洹北商城遗址，把商王定都殷墟的历史前推到中商时期。以器物为中心的考古调查和发掘，最终转向以探讨殷墟范围和布局为中心的社会考古学研究。不仅发现了大量的居址和数以万计的墓葬，还发现了道路网和水利系统，肯定了商人聚族而居、聚族而葬的聚落模式。多学科合作传统得以延续，人骨研究、动物考古、植物考古、冶金考古、陶器分析、DNA 和同位素分析等等，为我们了解商代的人类和社会，特别是农业、手工业、商业和贸易以及与周围诸多方国文化的关系，提供了全新的材料和观察视角。1961 年，殷墟成为国务院公布的第一批全国重点文物保护单位。进入 21 世纪以来，殷墟又相继被列入联合国教科文组织公布的世界文化遗产名录和首批国家考古遗址公园名单。

在某种程度上，我们也许可以说，90 年来的殷墟考古就是中国近代考古学发展的一个缩影。

经过几代人持续不断的艰苦努力，考古工作者几乎调查和发掘到殷墟的每一个角落，我们对这座商代中晚期都城和商文明的了解，应该说达到了前所未有的高度。但是，我们也得承认，还有很多秘密，或者仍深埋在地下，或者因为自然和人为的破坏，已经永远地消失了。值此殷墟发掘 90 周年纪念之际，考古所安阳工作队的同志们，回顾殷墟发掘的历史，又精选出 1950 年以来特别是最近二三十年来科学发掘出土的青铜器、玉器、陶器、骨角牙蚌器等等，出版相关图录，从现代考古学的视角，向学术界提供准确可靠的实物资料。殷墟出土的青铜器、玉器，过去已经由中国社会科学院考古研究所编辑出版过《殷墟青铜器》(1985)、《殷墟新出土青铜器》(2008) 和《殷墟玉器》(1981)、《安阳殷墟出土玉器》(2005) 等图录，但是以全形拓的形式大量展示殷墟科学发掘的青铜器，这还是第一次；陶器方面，除了李济先生早年出版过一本包括许多线图和照片的《殷墟陶器图录》(1947) 外，迄今尚未出版过一本严格意义上的殷墟陶器图录；骨角牙蚌器虽出土不少，但也从来没有以图录的形式展示过。公布考古调查和发掘资料，一般采取考古简报和考古报告的形式，殷墟考古已经出版了数十部（篇）调查发掘报告和简报，做出了很好的表率，但是还有很多考古简报、报告等待编写或出版。以图录的形式发表殷墟的青铜器、玉器、陶器和骨角牙蚌器等科学发掘标本，不仅可以弥补考古发掘报告的不足，满足学术界同仁从细部观察殷墟出土遗物的需要，也可以促使发掘者尽早公布更加完整的考古发掘资料，进而促进学术研究的进步。

在殷墟发掘90周年来临之际，发现殷墟丛书陆续编辑出版，这是殷墟近百年考古发掘和文物保护的历史记忆和见证，也是几代考古学家前赴后继砥砺前行的纪念和记录，是一件特别值得高兴的事情。发现殷墟系列图书出版在即，抚今追昔，说一点心里的话，以表达喜悦和祝贺之意。

陈星灿

2018 年 7 月 19 日

序　二

由于殷墟对于中国考古学史有着重要意义，每逢整年齐庆典，考古学界都要相聚志庆。殷墟发掘六十周年（1988年）、七十周年（1998年）、八十周年（2008年）时，两岸学者都曾以学术会议的形式纪念。2018年的10月，殷墟迎来90周年发掘纪念日，作为长期专门从事殷墟发掘和研究的单位，我们以何种方式来纪念呢？

2016~2017年，我们反复商议，决定编辑发现殷墟丛书，希望通过编辑丛书的方式来表达我们对殷墟喜庆之日的祝贺，同时也希望通过出版丛书，对殷墟的工作有所总结。

编撰丛书的方式得到中国社会科学院考古研究所的热情支持。2017年，在社会科学文献出版社周丽编审的热情支持下，我们专门向中国社会科学院科研局申请专项出版经费，并获得通过。

按照我们的计划，丛书中必须包括一部能综合记录殷墟90年发掘的人物和事件的作品。殷墟发掘始自1928年，2018年正好是殷墟科学发掘90周年。殷墟的发掘进程与整个中国考古事业所伴随的政治形势、文化形势、经济形势密切相关，呈现出明显的阶段性。

1928~1937年的殷墟发掘早期十年，是中国考古学的奠基阶段。这一阶段，现代田野考古学通过殷墟发掘在中国扎根。李济、梁思永、董作宾等中国考古学先驱，不仅发掘了商代宫殿建筑、王陵大墓，还在发掘方法、地层划分、器物整理、甲骨分期等方面做出了卓有成效的探索。

1950恢复发掘后，直至20世纪90年代中期，殷墟的考古工作进入特殊历史时期。学术界习惯于用这阶段的考古材料来解释历史，尤其是解释奴隶制时代中国的社会面貌。尽管如此，该阶段还是取得了殷墟文化分期等重大学术成果。

20世纪90年代中期以后，中国社会更加开放。殷墟的考古工作适应这种新形势，自觉融入了全球考古学的发展潮流中。环境、布局、社会组织、城市人口等科学问题被提上日程。区域调查、锶同位素、岩相学、实验考古等多种手段得以应用于科研。更重要的是，殷墟遗址作为人类重要的文化遗产，如何保护、利用,惠及社会和服务公众受到前所未有的重视。2006年殷墟列入世界文化遗产名录,是这一阶段最重要的标志。

鉴于这一缘由,我们首先将《殷墟九十年考古人与事》作为发现殷墟丛书的第一部定下来。

按照我们最初的设想,除了编撰一部《殷墟九十年考古人与事》之外,还希望编撰《殷墟九十年考古经典资料》和《殷墟九十年考古经典论文》。前者试图涵盖1928年殷墟发掘以来最重要的考古发现的简报和报告摘要,后者试图涵盖1928年以来学术界对殷墟研究、商代考古研究产生过决定性影响的学术论文。殷墟发掘的历史上,宫殿宗庙基址的发现、王陵大墓的发现、妇好墓的发现、洹北商城的发现,都是不能忘记的重要考古成果。同样,梁思永关于"后冈三叠层"的论文、董作宾关于殷墟甲骨分期的论文(甲骨断代研究)、邹衡和郑振香关于"殷墟文化分期"的论文,以及近年安阳队同仁们殷墟布局的论文也都应当载入史册。

然而丛书编撰过程远没有计划之中顺利。宏大的计划与有限的时间,迫使我们延后了编撰《殷墟九十年考古经典资料》和《殷墟九十年考古经典论文》的工作。好在通过大家的努力,我们最终完成了以下五部图书:

《殷墟九十年考古人与事》(唐际根等主编)

《殷墟出土陶器》(牛世山等主编)

《殷墟青铜器全形拓精粹》(岳洪彬等主编)

《殷墟出土骨角牙蚌器》(何毓灵等主编)

《殷墟出土玉器新编》(唐际根等主编)

这五部书中,《殷墟九十年考古人与事》意在以殷墟发掘历史上的事件与人物为中心,对殷墟发掘历史的全程作出评价。其他四部,编撰《殷墟出土陶器》一书,显然是考虑到殷墟陶器独特的重要性。毕竟殷墟陶器分期早已成为中国各地商代遗址的断代分期标尺。《殷墟青铜器全形拓精粹》的特殊性在于传统拓片技术本身的价值。而《殷墟出土骨角牙蚌器》一书可补殷墟各种图录对骨角牙蚌器的忽视。至于《殷墟出土玉器新编》一书,其不同于以往之处,在于它注重通过殷墟玉器的料、工、形、沁对殷墟玉器溯源。

唐际根

2018 年 7 月 30 日

凡　例

一、本书收录的殷墟遗址陶质类文物标本，是传统的殷墟范围内经考古工作发掘出土或采集的殷墟文化时期标本，其他时期的概不收录。收录标本以完整或基本完整、可修复的为主。

二、殷墟文化的分期，以邹衡、郑振香两位先生的分期最为系统，两位先生有关殷墟的分期序列完全一致，都分为四期七段，只是各段到期的分合略有差异。由于殷墟遗址正式的考古报告均采用郑振香先生的分期，本书所指殷墟的期、段同于郑振香先生的分期标准。

三、本书的编排以殷墟文化的四期七段为纲，期别、段别下以考古单位为组分类排列。

四、完整的器物编号，由年代＋出土地点代码＋单位号＋器物小号组成。如1959WGM1∶20，即由 1959+WG+M1+20 组成。

五、器物说明部分，依次为名称、编号、出土地点、年代、尺寸、特征等。

六、所有单位及其标本均作了核对，已发表者附参考文献，未发表的墓葬标注"未发表"，但有少数未发表墓葬没有找到原始记录，故未作标注；其他未发表的未标注。

七、器物的尺寸单位为厘米（cm）。

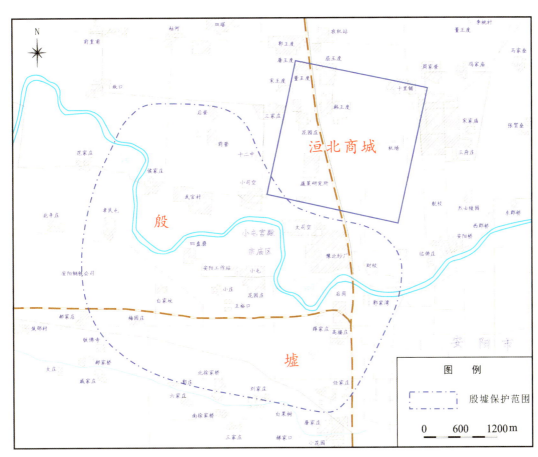

图一　殷墟遗址分布范围示意图

目录

殷墟
二期

殷墟二期早段　//　115

殷墟三期

殷墟四期

殷墟陶质类文物的发现与研究综述

牛世山　岳洪彬　岳占伟　郭　梦 *

殷墟被誉为中国考古的圣地，是中国最早开展考古工作的遗址之一。殷墟考古 90 年来，发现了丰富的殷商文化遗存，出土了大量陶质类文物，见于各类生活性场所、手工业作坊区和墓葬。以往有关殷墟的考古报告和简报中，几乎都涉及陶质类器物的介绍。考古学界通过对这类器物的不断观察和研究，获知其所蕴含的丰富文化和历史信息。

1、殷墟陶器的分类、功能

殷墟陶器的分类，主要有以下两个方面。一个是基于生产原料及产品的质地、陶色等要素的分类，另一个是基于器物形态及使用功能的分类。

综合原料、质地、陶色等多种分类要素，可将殷墟陶质类器物分为普通陶器（或称粗泥陶）、白陶、硬陶、原始瓷和釉陶等多类。

（1）普通陶器

A. 陶系

普通陶器最多。陶系可分为夹砂、泥质两类，历次较大的考古报告和研究专著中均有统计或文字描述。

李济先生对 1928~1937 年殷墟 15 次发掘采集的陶质类器物残片做了分类统计（不含完整和可复原器，但包括部分仰韶、龙山时期的陶器），其中灰陶占绝对优势，有 90.07%；其次则是红陶，占 6.86%，远少于灰陶；其余的 3% 左右则包括其他四种类型，有硬陶和釉陶 4290 片（1.73%）、黑陶 2655 片（1.07%）、白陶 663 片（0.27%）和彩陶 1 片[1]。

★　牛世山，中国社会科学院考古研究所，研究员。
　　岳洪彬，中国社会科学院考古研究所，研究员。
　　岳占伟，中国社会科学院考古研究所，副研究员。
　　郭梦，西北大学文化遗产学院，讲师。

《殷墟发掘报告》第四章第二节统计[2]，陶色主要是灰、红两种，灰色数量最多，有深灰、浅灰之分。红色较少，多呈砖红色，只有少量近棕色。泥质陶中的灰色陶，其中一、二、三期所占比例大体接近，红色陶从早到晚逐渐增多；夹砂灰陶，含细砂的较多，含粗砂的较少，一般地说，两者都由早到晚逐渐减少。

《殷墟的发现与研究》总结1990年以前殷墟考古数十年的研究成果认为[3]，殷墟出土的陶器，按其质料不同可分为夹砂灰陶、夹砂红陶、泥质灰陶、泥质红陶、白陶、硬陶、釉陶等。在各不同发展阶段都以泥质灰陶为主，夹砂灰陶次之，夹砂红陶很少，泥质红陶在一、二期为数不多，第三、四期所占比例不断上升。泥质灰陶颜色有深有浅，以深灰色的为主，色泽一般较匀。泥质红陶在一、二期的火候较低，多呈橙黄色，三、四期的火候较高，呈砖红色。夹砂灰陶多数呈灰褐色或深灰色。夹砂红陶多呈红褐色。

据《安阳大司空》（2004）材料，墓葬以外其他单位出土陶器以夹砂灰陶和泥质灰陶最为常见，其次为泥质红陶和夹砂红褐陶，偶可见到泥质黑陶和泥质黑皮陶[4]。

据对孝民屯（2003~2004）发掘的30多万片陶质类器物残片的统计[5]，夹砂陶可分为灰、红、褐、黑陶，其中灰陶有灰、浅灰、深灰之分，褐陶多不纯正，局部或呈红褐或呈灰褐色。泥质陶分为灰、红、褐、黑皮陶，其中灰陶也有灰、深灰、浅灰之分。陶系与以往有关统计结果相近，陶系比例始终以泥质占绝对优势，占近90%，夹砂陶在10%左右，这与早年李济先生的统计接近。泥质陶中，红陶比例在上升，二期晚段时在10%以内，三期时增加到10%以上，四期早段时上升到20%以上，灰陶比例相应下降。四期的灰陶中，浅灰色陶比以前略多，还有部分灰中泛黄。红陶中，二期晚段的表面常泛紫，三期多为橙红色，四期大多为砖红色。

上举考古报告和研究专著的有关分类和统计大同小异，据此可知殷墟陶系的基本情况。

B. 器物的功能与单体类型

李济先生早年对殷墟容器按底的区别分为尖底与圜底、平底、圈底（圈足）、三足、四足五类[6]，后知第五类非殷墟时期器物，而是属于后冈二期文化。

《殷墟发掘报告》统计，炊器有鬲、甗、甑三类，食器－水器有簋、豆、盂、盘、钵、釜形器皿、壶和杯，盛置器主要有盆、罐、瓮三类，酒器有瓿、罍、觯、尊、斝等类。

《殷墟的发现与研究》认为，常见的日用陶容器，按其用途不同大体可分为炊器、食器、盛贮器三大类。炊器有鬲、甗、甑，食器有豆、簋、盂，盛贮器包括酒器和水器等，器类有尊、壶、卣、罍、瓿、觯、斝、罐、盆、盘等，一、二期类别较多，三、四期器类减少。有些第一、二期常见的器型到三、四期减少。

据对孝民屯(200~2004)地点的陶器统计，殷墟陶容器器类多达 26 类，有鬲、甗、甑、斝、鼎、簋、豆、盘、觚、爵、罍、觯、尊、方口器、壶、瓿、钵、盂、盆、罐、瓮、勺、缸形器、筒形器、坩埚形器、器盖，此外还有建筑用排水管。由此可见，殷墟出土陶器种类远多于普通遗址，这可视为殷商王都这种大型都邑的特征之一。这些器物大多见于生产、生活性场所，具有实用功能。觚、爵多出于墓葬，其他器类中有一些器型为专用明器。

殷墟陶器中，鬲、盆、罐、簋、甑、瓮最多，其他器类的数量明显少。鬲、簋、盆、罐形态多样，可以细分为多个型、亚型。以孝民屯（2003~2004）为例，陶鬲可分三大类 34 型（包括亚型，下同），簋分 18 型，盆分两类 18 型，罐分 19 型，各自多有明确的演变序列。由于残片的原因，罐的形态无法划分得更细，实际或可分更多型。炊器中，鬲最多，甑次之；甗的数量一直很少，四期早段未见。斝、鼎更少，其中鼎为泥质非实用器。中型鬲始终最多，卷领鬲、素面小鬲出现于三期。甑在一期晚段时少，三期大增。簋在三期之前只有素面或磨光类，部分饰划纹，三期出现三角划纹中填绳纹的簋，到四期早段时占绝对数量。相对于一、二期少见盘的情形，三期盘增多了。盆基本为深腹者，浅腹盆很少见；四期深腹盆的形态更多样。三期时瓮大增。三期、四期早段的陶质器盖明显增加。综合殷墟其他地点出土的陶器可知，殷墟陶器的器类、形态可能还要多一些。

（2）白陶

殷墟白陶的陶色泛白，其原料、器型、纹饰、功能、出土空间等各有自己的特点。

殷墟所见白陶比普通陶器少，但远比硬陶、釉陶、原始瓷多。殷墟白陶以本地瓷土类黏土为原料手工制作而成。白陶的胎质硬度接近普通陶器，远低于硬陶和原始瓷[7]。烧成温度大致同于普通陶器或略高[8]。白陶器类大多是仿制青铜器和普通陶器的。在殷墟，白陶大多出于大墓和中型墓中，遗址中极少发现。

（3）硬陶、原始瓷

硬陶与原始瓷的器类多相同的胎质，明显比普通陶器薄，胎质硬，胎色也浅，其中硬陶多为灰白色，原始瓷多为浅灰色。两者的胎料也相近，但硬陶大多使用原生料烧制，胎质杂、粗糙，胎中或有较大的石英颗粒，原始瓷的胎料经过淘洗，胎质明显细腻，有的或加有细砂类掺合料。前者表面没有施釉，后者有釉。原始瓷的釉色多为浅褐色，褐中微带绿；硬陶无釉，表为灰色。

殷墟出土的硬陶、原始瓷，所见完整和可复原器者不过数十件，器类有瓿、豆、壶、钵、罐、器盖等。器物种类、形态、釉色等也显示，四期的与之前的有一定差别，如二、三期的特征一致，器类少，多见瓿；到四期，硬陶、原始瓷的器类明显增多；二、三期时，原始瓷只在器表的口、肩等部位施釉，釉色比较统一，多为褐色，褐中微带绿；四期晚段者，施釉部位下及器体中、下腹，有的器物，如罐还在体内口至中腹施釉，釉色也多样化，有淡绿、黄绿、深绿色、酱紫色等。

（4）釉陶

以往有关殷墟原始瓷的研究中，有些学者将原始瓷也称为釉陶[9]。殷墟确有一种带釉的陶器，胎质较硬，胎色为紫红色，器表外有薄釉，釉色或呈酱紫色（局部近黑色），或为铁灰色。观察所见，它的胎料应该是非瓷土类黏土，是一种胎质深红、含铁量高的黏土，与硬陶、原始瓷的胎料有明显区别。所以，这种用普通黏土制作并施釉的陶器是釉陶类。殷墟釉陶更少，所见纹饰与硬陶和原始瓷相同。

基于器物形态及功能的分类，有沿用宋代以来的旧说按功能、形制、材质、颜色等分类的。沿用旧说分类和命名是金石学的传统，在分类的前提下对某一类器物命名，从 20 世纪以来直到今天仍然沿用。还有按研究需要聚合为大类的，如 20 世纪 50 年代，李济先生根据容器底部的差别，将殷墟出土容器（包括龙山时期的）分为尖底与圜底、平底、圈底（现在一般称为圈足）、三足、四足五类，另加器盖，共六大类[10]；《殷墟发掘报告》按功用为炊器、食器与水器、盛置器、酒器、器盖、其他等大类[11]；《殷墟的发现与研究》按功用分为炊器、食器、盛储器三大类，另有建筑材料、工具、乐器、艺术品和杂器[12]。据对孝民屯（2003~2004）陶器的统计，以单类计，殷墟陶容器器类多达 26 类，有鬲、甗、甑、斝、鼎、簋、豆、盘、觚、爵、罍、觯、尊、方口器、壶、瓿、钵、盂、盆、罐、瓮、勺、缸形器、筒形器、坩埚形器、器盖，此外还有建筑用排水管。这涵盖了殷墟出土陶器的大多数器类。

2、陶器装饰、陶文与符号

殷墟日用陶容器绝大多数表面有纹饰，纯粹素面的很少。有关殷墟考古的各种报告和简报大多有此方面的介绍。

据对孝民屯（2003~2004）考古资料的统计，普通陶器的纹饰以绳纹为主，弦纹次之，另外有附加堆纹、三角绳纹、三角划纹、云雷纹、勾连雷纹、方格纹、联珠纹、兽面纹、乳丁纹、涡纹、直棱纹、戳印纹、网格纹以及素面等。

相对于普通陶器，白陶的纹饰除有前者上常见的绳纹、划纹外，更多的是刻划殷墟青铜器上常见的纹饰，如饕餮纹、夔纹、云雷纹、弦纹等；硬陶和原始瓷上的纹饰基本相同，有水波纹、席纹、小方格纹、戳印纹、云雷纹、弦纹等；釉陶上所见纹饰有弦纹。

殷墟陶器以往考古中还发现有陶文与符号，自发现始为研究者所关注。《殷墟的发现与研究》中，按其内容分为数字、方位、人名、族名或国名、图形文字或符号、干支、易卦、"卜辞"以及其他等类[13]。

3、陶器所见殷墟文化的构成和组群

如果考察陶器风格，殷墟的陶器可分为十多组，它们在数量上也有差别[14]。据此可进一步探讨殷墟文化的内部构成以及形成、变化过程，也可探讨殷墟文化与商文化其他类型、商文化与周边青铜文化的关系以及人群的互动等。

初步研究认为，以陶器群为视角，可见殷墟文化的构成以 A 组（安阳本地的商文化因素）为主体因素，其他因素明显处于从属地位。以 A 组为代表的殷墟类型商文化陶器，器类和数量最多，经常共出，演变序列最清晰。如果对 A 组做进一步分析可知，还可分为源自先前的早商和中商文化、殷墟时期的创新形态两类。源自商文化其他类型的器物数量比殷墟类型陶器明显少，所见有 B 组（郑州、许昌地区）、C 组（河南登封一带）、D 组（山东西南部商文化安邱类型）、E 组（豫南一带）、F 组（山东泰沂山脉以北地区）、H 组（晋中地区商文化）、I 组（山东南部商文化）等，这些组大致对应殷墟文化时期商文化的地方类型。源自商文化圈之外考古学文化的器物，所见有先周文化、晋陕高原青铜文化（黄河西为李家崖文化）、西岔文化、大坨头文化、江淮青铜文化、蕲春毛家咀遗存、珍珠门文化等地文化风格的。其他还有一些暂不能确知来源但文化风格非典型殷墟文化的特殊器物。

通过对 77 个样品（洹北商城、殷墟陶器样品 74 例以及本地黄土样品 2 例、冲积土 1 例）的岩相学分析可见，A 组泥质陶与本地黄土（包括次生黄土）、冲积土有对应关系，加砂陶的原始总体成分与本地黄土和冲积土接近，证明为本地生产；A 组以外的其他多组其他样品的检测分析结果都不同于 A 组样品，可证非本地生产，而且各组互不相同[15]。这从一个侧面证明上述有关殷墟文化构成因素的分析很有合理性。

4、制陶手工业生产、制陶工艺

包括制陶在内的商代的手工业具有专业化和商品化生产的特点。关于陶器的生产，研究者通过观察大量陶制品的制作痕迹、分析有关制陶工具的功能和使用方式、模拟实验、陶制品的岩相学分析以及民间制陶和民族志调查等，对殷墟制陶手工业有了一定的了解。

现已明确，除了硬陶、原始瓷和釉陶外，殷墟出土的普通陶器、白陶是本地生产的。制作陶器大致有备料、成型和装饰、入窑烧制等流程。

有学者通过观察大量标本和进行化学测试分析认为，商周时期，最常见的陶器是就地挖取的易熔性黏土制作的，其中 Fe_2O_3 含量较高，烧成温度在 800℃ ~ 1000℃[16]。有学者对殷墟陶器标本做了检测分析，认为殷墟的制陶原料，其中泥质陶的陶土取自本地全新世黄土顶部发育的棕红色古土壤层；夹砂陶则选用冲积土顶部发育的古土壤为原料，加工时还要加入砂粒、碎石或碎陶作为羼和料[17]，这种认识比较准确。以安阳一带土壤断面、殷墟考古发掘剖面观察，当地的制陶原料是当时容易获取的马兰黄土及次生土。制陶产品主要是前面所说的 A 组。

殷墟白陶的烧成温度大致同于普通陶器或略高[18]，远没有达到硬陶高1100℃、原始瓷高 1200℃的温度。刘家庄北地等地烧制陶器的陶窑，能够满足烧制白陶的窑温。根据我们所做的白陶烧制实验的结果[19]，如果烧制时白陶器坯直接置于窑室内，成品表面会留下难以抹去的橘黄色沉积物；但如果将器坯置于类似于匣钵的器皿中，成品才会有像殷墟白陶所呈现的纯白色、乳白色，故此推测商人烧制白陶时也有类似匣钵的装置。

关于殷墟的原始瓷和硬陶、釉陶的产地，学术界尚有争议，主流观点认为它们应该是从南方输入的[20]。因为殷墟遗址所见烧制普通陶器的馒头形陶窑内部的温度很难达到烧制硬陶所需的 1100℃、原始瓷所需的 1200℃的高温度，这样的高温只有龙窑才能达到，已知商周时期的龙窑遗迹都发现于南方的长江中下游一带。综合多方面的证据，我们赞同发现于殷墟及中原、北方同时期的原始瓷和硬陶、釉陶产地位于南方说。

有关殷墟制陶工艺，一些学者做过比较详细的研究[21]，但迄今只知大致情况，仍然缺乏系统的了解。一般认为，殷墟陶器的制法（成型）主要有轮制、模制、泥条盘筑、手工捏制等，其中泥条盘筑、轮制与模制较普遍。具体到一件器物的制作，或有复合使用不同制作工艺的情况。

轮制有快轮拉坯成型、先泥条盘筑后慢轮辅助成型两种方式。快轮成型技术，李济先生举出 20 例，其中既有泥质的，也有加砂的[22]。我们认为，加砂陶不是快轮成型的，因为加砂陶普遍不及泥质陶规整，而且手扶这种泥团在相对较高的转速下拉坯，泥中的石质类颗粒极易划伤手；泥质陶中，大型、器壁的倾斜度较大的陶器要用快轮拉出泥坯也很难成型，即使成型，大、高而斜的泥坯因无力支撑极易塌坏。经观察，泥质类小型或较小的陶器如泥质小罐、簋、爵的腹部等，器体内壁留有比较规律的螺旋式拉坯痕迹，器体水平方向的剖面很圆，这些应该是快轮成型的。

慢轮辅助成型技术使用广泛，器体有大有小。观察所见，泥质陶的绳纹盆、豆、圈足盘、罐、器盖等的器壁上有起伏不平的泥条痕迹或泥条相接的缝隙，这些器物是以泥条筑成器坯的代表。

模制法主要用来制作鬲、甗等三足器的袋足以及兽头等贴塑装饰。

大型或较大的泥质器物如瓮、大型罐等，先分段进行泥条盘筑，然后粘接而成。初步成型的陶器粗坯，还要经过慢轮修整、拍打、刮削等工序，才能最终成器坯。

陶器的装饰方面，普通陶器所见大致有滚压、拍打、磨光、刻画、粘贴等处理方式。最常见的绳纹主要是用绕绳的圆棍滚压而成，也有少部分是修整过程中用带绳纹的陶拍拍打形成的。许多泥质陶如豆、盘、簋、器盖等，外壁或内外壁都进行过打磨处理。刻画多见于泥质陶。陶器的装饰不仅增加美观效果，有些还兼具加固器壁的作用，如有些滚压或拍压绳纹可使分段陶器粘接缝隙密实；有的拍印绳纹,器表或有较明显的圆窝,每个圆窝的绳纹自成一组。一些大型容器如瓮、罐上的附加堆纹,就是为了加固盘筑的器壁而粘接上去的；大型或较大器物如大口尊、瓮、盆等,内壁多有麻点,是修整、压实器壁时为表面嵌有颗粒状小石子的陶垫抵在器坯内壁留下的。

关于殷墟普通陶器生产,现在可知一些大致的情况。殷墟的普通陶器,如灰陶、红陶,陶色都比较均匀,应该是在陶窑内烧制的。烧制陶器的陶窑,刘家庄北地发现有 20 余座,这是已知殷墟发现陶窑最多的一个地点,同出有烧变形的日用陶器以及陶拍、陶垫等制陶工具,可证殷墟出土量最大的陶器是本地生产的。陶窑平面呈椭圆形,直径 1 米左右；结构上都属于升焰窑。此外,曾在小屯南地 [23]、苗圃北地 [24]、高楼庄 [25] 等地点有零星发现,但苗圃北地和高楼庄发现的陶窑,都在苗圃北地这个大的铸铜手工业作坊区,更像是与铸铜有关的,而不是用于烧制陶器的；小屯南地的是否用于烧制陶器,也不明确。刘家庄北地的陶窑 Y1、Y4、Y5 及 H229 中,烧制变形的豆就有 185 件之多,其次是簋,有 24 件 [26],少见其他器类,可推知在入窑装烧环节一般是将同类的陶器成组、分批次烧制的。

回顾过去 90 年的工作和研究,殷墟考古和研究取得了非常大的成绩。对殷墟遗址本体内涵（规模、时代、文化形态、环境背景等）的了解越来越深入,其中对包括陶器在内的殷墟文物遗存的研究,建立起了晚商文化的分期体系,可与《殷本纪》记载的、经殷墟卜辞中王谱订正的商王世系大致对应,这是研究商文化和周边青铜文化的可靠的年代标尺。不唯如此,对于这个时间跨度长达 200 多年的都城遗址的研究已经跨入新的阶段。现在,学界的研究向全方位、纵深拓展,在甲骨学、商文化与商王朝、城市规划与建设、手工业技术与工艺、资源利用、艺术史等方面不断取得新的成果。

注释：

[1] 李济：《殷墟器物甲编·陶器》第二章，《小屯》第三本，历史语言研究所，1956；李济：《小屯殷代与先殷陶器的研究》，《李济考古学论文选集》第 339 页，文物出版社，1990。

[2] 中国社会科学院考古研究所：《殷墟发掘报告（1958~1961）》，文物出版社，1987。

[3] 中国社会科学院考古研究所：《殷墟的发现与研究》，科学出版社，1994。

[4] 中国社会科学院考古研究所：《安阳大司空——2004 年发掘报告》第 118 页，文物出版社，2014。

[5] 中国社会科学院考古研究所：《安阳孝民屯·殷商遗物》的陶器部分，文物出版社，待出版。

[6] 李济：《殷墟器物甲编·陶器》第三章，《小屯》第三本，历史语言研究所，1956。

[7] 李济：《殷墟器物甲编·陶器》表 29，《小屯》第三本，历史语言研究所，1956。

[8] 申斌：《殷代白陶的物理研究结果》，《殷都学刊》1991 年第 3 期。

[9] 李济：《殷墟器物甲编·陶器》，《小屯》第三本，历史语言研究所，1956；中国社会科学院考古研究所：《殷墟的发现与研究》第 228~240 页，科学出版社，1994。

[10] 李济：《殷墟器物甲编·陶器》第 36~76 页，《小屯》第三本，历史语言研究所，1956。又见《李济文集》第 3 卷第 97、158 页，上海人民出版社，2006。

[11] 中国社会科学院考古研究所：《殷墟发掘报告（1958~1961）》第 132~162 页，文物出版社，1987。

[12] 中国社会科学院考古研究所：《殷墟的发现与研究》第 198 页，科学出版社，1994。

[13] 中国社会科学院考古研究所：《殷墟的发现与研究》第 250 页，科学出版社，1994。

[14] 牛世山：《殷墟文化的多样性——以陶质类容器为视角》，《李下蹊华——庆祝李伯谦先生八十华诞论文集》，科学出版社，2017。

[15] JamesStoltman、荆志淳、唐际根、George(Rip)Rapp：《商代陶器生产——殷墟、洹北商城出土陶器的岩相学分析》，荆志淳、唐际根、高嶋谦一主编《多维视域——商王朝与中国早期文明研究》，科学出版社，2008。A 组以外的样品主要采自孝民屯，未刊布。

[16] 李家治：《我国古代陶器和瓷器工艺发展过程的研究》第 6-7 页，《考古》1978 年第 3 期；李家治：《原始瓷的形成和发展》，《中国古代陶瓷科学技术成就》第 132~145 页，上海科学技术出版社，1985；李家治主编：《中国科学技术史·陶瓷卷》第二章，科学出版社，1998。

[17] JamesStoltman、荆志淳、唐际根、George(Rip)Rapp：《商代陶器生产——殷墟、洹北商城出土陶器的岩相学分析》，荆志淳、唐际根、高嶋谦一主编《多维视域——商王朝与中国早期文明研究》，科学出版社，2008。

[18] 申斌：《殷代白陶的物理研究结果》，《殷都学刊》1991 年第 3 期。

[19] 岳占伟、荆志淳、岳洪彬、牛世山、唐际根、何毓灵、郭梦：《殷墟白陶的初步研究》，《南方文物》2017 年第 4 期。

[20] 李家治：《原始瓷的形成和发展》，《中国古代陶瓷科学技术成就》，上海科学技术出版社，1985 年；罗宏杰、李家治、高力明：《北方出土原始瓷烧造地区的研究》，《硅酸盐学报》1996 年第 3 期；陈铁梅、PappG.Jr、荆志淳、何驽，《中子活化分析对商时期原始瓷产地的研究》，《考古》1997 年第 7 期；李家治：《中国科学技术史·陶瓷卷》，科学出版社，1998；中国社会科学院考古研究所：《安阳小屯的建筑遗存》第 156 页，文物出版社，2010。

[21] 李济：《殷墟器物甲编·陶器》第五章，《小屯》第三本，历史语言研究所，1956；又见《李

济文集》第 3 卷，上海人民出版社，2006；中国社会科学院考古研究所：《殷墟的发现与研究》第 192~194 页，科学出版社，1994；中国社会科学院考古研究所：《安阳小屯》第 81~82 页，世界图书出版公司，2004。

[22] 李济：《殷墟器物甲编·陶器》第五章，第 111~113 页，《小屯》第三本，历史语言研究所，1956。又见《李济文集》第 3 卷第 185 页，上海人民出版社，2006。

[23] 中国科学院考古研究所安阳工作队：《1973 年安阳小屯南地发掘简报》，《考古》1975 年第 1 期；中国社会科学院考古研究所安阳工作队：《1973 年小屯南地发掘报告》，《考古学集刊》第 9 集，科学出版社，1995。

[24] 中国社会科学院考古研究所安阳工作队：《1980-1982 年安阳苗圃北地遗址发掘简报》，《考古》1986 年第 2 期；中国社会科学院考古研究所安阳工作队：《1982—1984 年安阳苗圃北地殷代遗址的发掘》，《考古学报》1991 年第 1 期。

[25] 周到、刘东亚：《1957 年秋安阳高楼庄殷代遗址发掘》，《考古》1963 年第 4 期；赵霞光：《安阳市西郊的殷代文化遗址》，《文物参考资料》1958 年第 12 期。

[26] 中国社会科学院考古研究所安阳工作队：《河南安阳市殷墟刘家庄北地制陶作坊遗址的发掘》，《考古》2012 年第 12 期。

殷墟一期

殷墟一期早段

1987AXTH1　出土陶器

前排（从左到右）：1.盘（H1：12）　2.盂（H1：5）　3.器盖（H1：4）4.盘（H1：9）　5.盘（H1：17）　6.盘（H1：10）　7.缸（H1：14）

中排（从左到右）：1.缸（H1：140）　2.浅腹盆（H1：8）　3.浅腹盆（H1：3）4.盘（H1：11）　5.缸（H1：16）

后排（从左到右）：1.器盖（H1：6）　2.浅腹盆（H1：1）　3.浅腹盆（H1：2）

1987AXTH1是殷墟范围内少有的时代明确为殷墟一期早段的遗迹。位于宫殿区小屯东北地甲四基址东边。修复陶器有复原盂1、圈足盘5、平底盘1、浅腹盆4、缸（或称盆形器）3、器盖2，另出有玉石、骨角、蚌等质料的文物。

参考文献　中国社会科学院考古研究所：《安阳殷墟小屯建筑遗存》，文物出版社，2010。

盂　1987AXTH1：5

小屯东北地
殷墟一期早段
高 7.6 厘米、口径 11.4 厘米
　泥质灰陶。体小。直口，直腹，底近平，圈足矮。体面磨光，口
外饰两周弦纹。

盘　1987AXTH1：12

小屯东北地
殷墟一期早段
口径 25 厘米
　泥质灰陶。口较大，浅盘，底近平，圈足部残。口部缘面较宽、微外斜。

盘　1987AXTH1：17

小屯东北地
殷墟一期早段
高 7.8 厘米、口径 24.2 厘米、圈足高 3 厘米
泥质灰陶。口较大，浅盘，底近平，圈足矮、粗。口部缘面较宽、微外斜。圈足偏上饰一道弦纹。

盘　1987AXTH1：7

小屯东北地
殷墟一期早段
口径 22 厘米
泥质灰陶。浅盘，平底。口近敛，口部缘面宽、近平，折腹。

盘　1987AXTH1：10

小屯东北地
殷墟一期早段
高 3.5 厘米、口径 27 厘米
泥质灰陶。口较大，浅盘，底近平，圈足粗、较矮。口部缘面较宽、
微外斜。表面磨光，口沿刻一"五"字。盘腹内呈暗红色。

盘　1987AXTH1：11

小屯东北地
殷墟一期早段
高 8.5 厘米、口径 26 厘米、圈足高 3.5 厘米
泥质灰陶。口较大，浅盘，底近平，中部微凸起，圈足较低、粗，偏上部饰
两道弦纹。

浅腹盆 1987AXTH1：1

小屯东北地
殷墟一期早段
高 8 厘米、口径 33 厘米
泥质灰陶。口近直，短沿平、微外撇，斜腹，圜底。腹上部素面，近底饰交错绳纹，底内有小麻点。

浅腹盆 1987AXTH1：2

小屯东北地
殷墟一期早段
高 11.7 厘米、口径 28 厘米
泥质灰陶。侈口，短斜领，弧腹，圜底。腹上部素面，近底饰交错中绳纹。

浅腹盆　1987AXTH1：8

小屯东北地
殷墟一期早段
高 8.5 厘米、口径 28 厘米
泥质灰陶。口近直，斜腹，圜底。腹上部素面。短平沿微外撇。近底饰交错
中绳纹。

浅腹盆　1987AXTH1：3

小屯东北地
殷墟一期早段
高 8.8 厘米、口径 29 厘米
泥质灰陶。侈口，弧腹，圜底。
腹上部素面，近底饰交错中绳纹。
底内有小麻点。

缸 1987AXTH1：14

小屯东北地
殷墟一期早段
高 41 厘米、口径 32 厘米

夹砂红褐陶。敞口较大，上腹深、壁斜直，下腹曲收、变细，呈杯形，小平底。口到上腹腹壁薄，下腹到底部的壁厚。腹饰小方格纹。

缸 1987AXTH1：16

小屯东北地

殷墟一期早段

残高 30.5 厘米、口径 30.6 厘米

夹砂红褐陶。敞口较大，上腹深、壁斜直，下腹曲收、变细，呈杯形小平底。口到上腹腹壁薄，下腹到底部壁厚。腹饰小方格纹。腹部有烟炱痕，近底残。口内存朱书陶文六字，分两读。一为"曰 禽延雨"，一为"曰"。

缸　1987AXTH1：140

小屯东北地
殷墟一期早段
残高 28.6 厘米、口径 31.8 厘米
　夹砂红褐陶。敞口较大，上腹深、壁斜直，下腹曲收、变细，底残。腹饰小方格纹。

器盖 1987AXTH1：4

小屯东北地

殷墟一期早段

高8厘米、口径13.6厘米

泥质灰陶。盖较深，侧壁面较直，口内缘面斜而内倾，菌状钮很短。通体表磨光，近口与钮部各有一道弦纹。

器盖 1987AXTH1：6

小屯东北地

殷墟一期早段

高8.5厘米、口径13.3厘米

泥质灰陶。盖较深，盖顶近平，侧壁面较直，口内缘面斜而内倾，菌状钮很短。通体表磨光，近口与钮部各有一道弦纹。

殷墟一期晚段

1959ASH317　出土陶器

　　从左到右：1.罐（H317：381）　2.杯（H317：2）　3.鬲（H317：24）

　　参考文献　中国社会科学院考古研究所：《殷墟发掘报告（1958~1961）》，文物出版社，1987。

鬲　1959ASH317：24

　　大司空
　　殷墟一期晚段
　　高13.5厘米、口径13厘米
　　夹砂灰陶。体高大于宽。侈口，斜沿近折，袋腹较深，裆较高，锥足较高。腹饰绳纹。

杯　1959ASH317∶2

大司空
殷墟一期晚段
高 13.9 厘米
泥质灰陶。敛口，腹下部较
鼓，矮圈足，单耳较大。素面，
饰弦纹多道。

罐　1959ASH317∶381

大司空
殷墟一期晚段
高 32.3 厘米、口径 10.4 厘米
泥质灰陶。小口，束颈，折肩、肩宽，腹向下急收，凹圈底。饰较细的绳纹。
此型罐多见于以清涧县李家崖遗址为代表的晋陕高原青铜文化。

1959ASH326　出土陶器

前排（从左到右）：1.鬲（H326：63）　2.鬲（H326：12）　3.鬲（H326）
后排（从左到右）：1.深腹盆（H326：22）　2.深腹盆（H326：25）
3.簋（H326：284）

参考文献　中国社会科学院考古研究所著《殷墟发掘报告（1958~1961）》，文物出版社，1987。

鬲 1959ASH326：63

大司空
殷墟一期晚段
高 19.2 厘米、口径 17.6 厘米
夹砂灰陶。体高大于宽。侈口，斜沿，
袋腹较鼓，裆较高，锥足。体饰绳纹较细。

鬲 1959ASH326：12

大司空
殷墟一期晚段
高 16.3 厘米、口径 12.6 厘米
夹砂灰陶。体高明显大于宽。体
较小。侈口斜沿，袋中部较鼓，裆较高，
锥足较高。饰较细的绳纹。

簋 1959ASH326：45

大司空
殷墟一期晚段
高 22.3 厘米、口径 39 厘米
泥质灰陶。直口、深腹、矮圈足。体表磨光。上腹四个竖向半圆柱形
实心耳，两两对称，上下还饰有弦纹。

簋 1959ASH326：284

大司空
殷墟一期晚段
高 14 厘米、口径 21.5 厘米
泥质灰陶。口近敞，短沿外撇，
深腹斜收，矮圈足。体表磨光，腹饰
弦纹。

深腹盆 1959ASH326：22

大司空
殷墟一期晚段
高 22.4 厘米、口径 31 厘米
　　泥质灰陶。侈口，短领斜立，短沿微外撇，上腹较直，向下斜收，平底。腹饰中绳纹，间有三道弦纹。沿面刻一"鬲"字。

深腹盆 1959ASH326：25

大司空
殷墟一期晚段
高 24.3 厘米、口径 34.7 厘米
　　泥质灰陶。侈口，短领斜立，短沿微外撇，上腹较直，向下斜收，平底。腹饰中绳纹，间有三道弦纹。

1960APNH25　出土陶器

从左到右：1. 尊（H25：32）　2. 豆（H25：40）

参考文献　中国社会科学院考古研究所：《殷墟发掘报告（1958~1961）》，文物出版社，1987。

豆　1960APNH25：40

苗圃北地
殷墟一期晚段
高 7.2 厘米、口径 13.5 厘米
泥质灰陶。小盘浅，唇缘面平、外斜，圈足矮、细。体素面。

尊 1960APNH25：32

苗圃北地
殷墟一期晚段
高18厘米、口径22.8厘米
泥质灰陶。敞口，折肩，深腹，矮圈足。中腹以上磨光，肩下饰两组弦纹，
下腹饰纵横交错的细绳纹。

1960APNH217 出土陶器

前排（从左到右）：1.簋（H217：14） 2.簋（H217：3） 3.器盖（H217：4）

后排（从左到右）：1.深腹盆（H217：6） 2.深腹盆（H217：32） 3.壶（H217：1）

参考文献 中国社会科学院考古研究所：《殷墟发掘报告（1958~1961）》，文物出版社，1987。

簋 1960APNH217∶3

　　苗圃北地
　　殷墟一期晚段
　　高 18.6 厘米、口径 27.5 厘米
　　泥质灰陶。口近敛，厚唇，深腹向下
微斜，矮圈足。体表磨光，上腹两组、三
道弦纹。

簋 1960APNH217∶14

　　苗圃北地
　　殷墟一期晚段
　　高 18.8 厘米、口径 29 厘米
　　泥质深灰陶。口近敛，唇厚圆，深腹向下微斜，矮圈足。体表磨光，腹
饰多道弦纹。

壶 1960APNH217：1

苗圃北地
殷墟一期晚段
残高 24 厘米、口径 20.4 厘米
泥质灰陶。扁圆口，深腹，腹最大径偏下，圜底，底部圈足残。颈部有对称的两个纵向贯耳，上下饰弦纹；两耳间正中有一个纵向泥条，两侧各有圆泥饼一个，组成饕餮纹；腹饰三角绳纹。

深腹盆 1960APNH217：6

苗圃北地
殷墟一期晚段
高 25.2 厘米、口径 35 厘米
泥质灰陶。短斜领，短折沿，弧腹，平底较大。腹中部饰较细的绳纹，并饰两道弦纹。

深腹盆　1960APNH217：32

苗圃北地
殷墟一期晚段
高 23.2 厘米、口径 27.5 厘米
泥质灰陶。短斜领，短折沿，上腹微鼓，向下斜收，凹圜底。腹中部饰交错绳纹、较细，兼有弦纹两组，内壁有麻点。

器盖　1960APNH217：4

苗圃北地
殷墟一期晚段
高 7 厘米、口径 12 厘米
泥质灰陶。盖较浅，盖顶近平，侧壁面较直菌状钮很短。通体表磨光，侧壁有一道弦纹。

1963APNH72 出土陶器

　　前排（从左到右）：1. 簋（H72：21）
　　后排（从左到右）：1. 甑（H72：23）　2. 甑（H72：2）

甑　1963APNH72：23

　　苗圃北地
　　殷墟一期晚段
　　高 23.2 厘米、口径 30.3 厘米
　　泥质灰陶。侈口，口内凹槽较深，腹
较斜，底近平。素面，腹饰多道弦纹。

甑　1963APNH72：2

苗圃北地
殷墟一期晚段
高 22.5 厘米、口径 35.2 厘米
泥质灰陶。侈口，沿面微凹，腹较斜，底近平。素面，腹饰多道弦纹。

簋　1963APNH72：21

苗圃北地
殷墟一期晚段
高 17.3 厘米、口径 26.3 厘米
泥质灰陶。厚圆唇，腹较斜，矮圈足。
通体表磨光，上腹饰三道弦纹。

1971ASTH1 出土陶器

前排（从左到右）：1.鬲（H1：18）　2.豆（H1：5）　3.罐（H1：4）
后排（从左到右）：1.瓿（H1：14）　2.大型罍（H1：17）　3.罐（H1：3）

鬲　1971ASTH1：18

小屯西地
殷墟一期晚段
高 16.9 厘米、口径 19.2 厘米
夹砂灰陶。体高大于宽。侈口，沿面微凹，折沿，裆较高，锥足。腹饰粗绳纹。

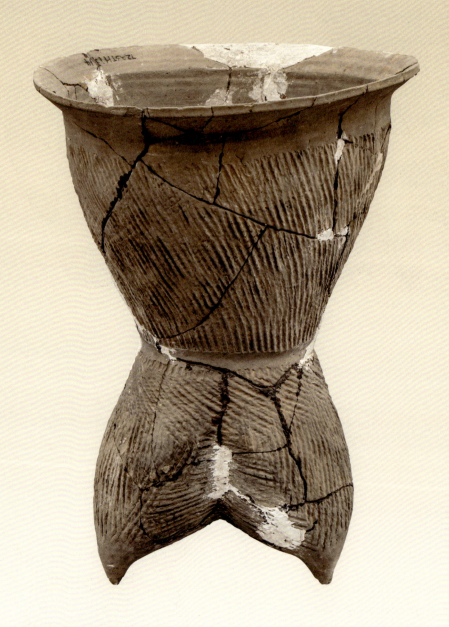

甗　1971ASTH1：14

小屯西地
殷墟一期晚段
高 41.9 厘米、口径 35 厘米
夹砂灰陶。甑部侈口，折沿较宽，斜腹；鬲部裆较高，锥足。饰粗绳纹。

豆　1971ASTH1：5

小屯西地
殷墟一期晚段
高 10.4 厘米、口径 17.7 厘米
泥质灰陶。盘小、浅，口的缘面宽、
向外倾斜，圈足矮、细。

大型罍　1971ASTH1：17

小屯西地
殷墟一期晚段
高 32.1 厘米、口径 11.5 厘米
泥质灰陶。高体，短竖领，圆肩高，深腹，平底较小。肩部有两横耳对称，
两耳中间下到近底出一横耳式鋬。耳以上略经磨光，耳、鋬间饰交错绳纹、较细，
鋬下素面。

罐　1971ASTH1：4

小屯西地
殷墟一期晚段
高 20.6 厘米、口径 13.8 厘米
泥质橙黄陶。矮领，深腹，圜底，
腹最大径居中。腹饰绳纹、较细。

罐　1971ASTH1：3

小屯西地
殷墟一期晚段
高 35.5 厘米、口径 14.1 厘米
泥质灰陶，卷沿较长、近立，圆
肩高，深腹，平底较大、近平。腹饰
绳纹较细，腹饰两道抹弦纹。

1972ASTH8　出土陶器

前排（从左到右）：1.仿铜尊（H8：9）　2.鬲（H8：10）　3.器盖（H8：8）

后排（从左到右）：1.罐（H8：12）　2.鬲（H8：11）

鬲　1972ASTH8：10

小屯西地

殷墟一期晚段

高 12.9 厘米、口径 20.4 厘米

夹砂灰陶。体高大于宽。侈口，沿
面凹槽较浅，沿近折，袋腹最宽处在中腹，
裆较高，锥足。腹饰粗绳纹。

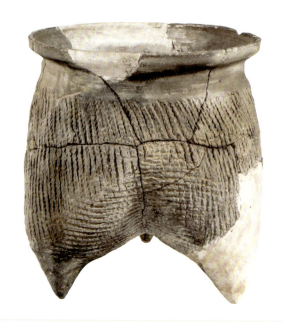

鬲　1972ASTH8：11

小屯西地
殷墟一期晚段
高 30.4 厘米、口径 27.5 厘米
夹砂深灰陶。体高明显大于宽。侈口，沿面凹槽较浅，沿近折，袋腹两侧较直，裆较高，锥足。腹饰粗绳纹。

仿铜尊　1972ASTH8：9

小屯西地
殷墟一期晚段
残高 22.9 厘米、底径 10.6 厘米
泥质灰陶。高体，大口，领以上残，折肩，高圈足。体表磨光，肩上有四个半圆雕牛头，两两对称；体饰多道抹弦纹、较宽，腹饰交错细绳纹。

罐 1972ASTH8：12

小屯西地
殷墟一期晚段
高 37 厘米、口径 15.8 厘米
泥质灰陶。高体，沿较短，圆肩较高，底较小。体饰中绳纹，肩以上饰多道弦纹。

器盖 1972ASTH8：8

小屯西地
殷墟一期晚段
高 8.3 厘米、底径 13.1 厘米
泥质灰陶。盖较深，弧壁，菌状钮较短。
通体表磨光，盖面饰多道弦纹。

1973ASNH102　出土陶器

前排（从左到右）：1.簋（H102∶4）　2.圆腹罐（H102∶5）
后排（从左到右）：1.深腹盆（H102∶9）　2.深腹盆（H102∶10）

参考文献　中国社会科学院考古研究所安阳工作队：《1973年小屯南地发掘报告》，《考古学集刊》（9），科学出版社，1995。

簋 1973ASNH102：4

小屯南地
殷墟一期晚段
高 12.2 厘米、口径 20 厘米
泥质灰陶。厚圆唇，腹较斜，圈足矮、粗。通体表磨光，腹饰多道弦纹。

罐 1973ASNH102：5

小屯南地
殷墟一期晚段
高 19 厘米、口径 12 厘米
泥质灰陶。矮领，圆腹，圜底。
体饰交错细绳纹。

深腹盆 1973ASNH102：9

小屯南地
殷墟一期晚段
高 25.6 厘米、口径 34.5 厘米
泥质灰陶。侈口，短领斜立，短沿微外撇，深腹，向下斜收，平底较大。腹饰交错绳纹、较细，间有多道弦纹。

深腹盆 1973ASNH102：10

小屯南地
殷墟一期晚段
高 24.1 厘米、口径 30.3 厘米
泥质灰陶。侈口，短领斜立，短沿微外撇，深腹，向下斜收，平底较大。腹饰中绳纹，间有多道弦纹。

1976AXTH50　出土陶器

前排（从左到右）：1.器盖（H50：3）

后排（从左到右）：1.尊（H50：4）　2.深腹盆（H50：2）

参考文献　中国社会科学院考古研究所：《安阳小屯》，世界图书出版公司，
2002。

尊　1976AXTH50：4

小屯西北地

殷墟一期晚段

高21厘米、口径24厘米

泥质灰陶。敞口，斜领较长，肩不明显，
深腹较直，圜底，圈足矮、外撇。体表磨光，
腹中下部饰交错绳纹、较细，绳纹上下饰
弦纹。

深腹盆　1976AXTH50：2

小屯西北地
殷墟一期晚段
高 25.5 厘米、口径 35 厘米
泥质灰陶。短斜领，短折沿、平、弧腹，底较大、内凹。腹饰中绳纹，间有弦纹，内壁有麻点。

器盖　1976AXTH50：3

小屯西北地
殷墟一期晚段
高 9 厘米、口径 12.5 厘米
泥质灰陶。盖较深，盖壁面弧圆，口内缘面斜而内倾，菌状钮很短。通体表磨光，近口与钮部有一组弦纹。

1976AXTH58　出土陶器

从左到右：1.鬲（H58：1）　2.鬲（H58：3）

参考文献　中国社会科学院考古研究所：《安阳小屯》，世界图书出版公司，2002。

鬲 1976AXTH58∶3

小屯西北地
殷墟一期晚段
高 18 厘米、口径 18.4 厘米
夹砂灰褐陶，厚胎。体高大于宽。侈口，沿面微凹，卷沿短，宽方唇，裆较高，足残。腹饰粗绳纹。此型鬲常见于以菏泽安邱堌堆遗址为代表的山东西南部商文化。

鬲 1976AXTH58∶1

小屯西北地
殷墟一期晚段
残高 18.5 厘米、口径 15.5 厘米
夹砂灰陶。体高大于宽。侈口，沿面微凹，卷沿，裆较高，足残。腹饰粗绳纹。

臼形器　1976AXTH67：2

小屯西北地

殷墟一期晚段

高 21 厘米、口径 18 厘米

夹砂红陶，砖红色。喇叭形口，腹向下斜收，平底。
下腹到底部厚胎，饰粗绳纹。

1982APNH8　出土陶器

　　从左到右：1.尊（H8：2）　2.小型簋（H8：3）

　　参考文献　中国社会科学院考古所安阳队：《1982~1984 年安阳苗圃北地殷墟遗址的发掘》，《考古学报》1991 年第 1 期。

尊 1982APNH8：2

苗圃北地
殷墟一期晚段
高 19 厘米、口径 22.5 厘米
泥质灰陶。敞口，斜领较长，肩不明显，深腹较直，圆底，圈足矮、外撇。
体表磨光，腹中下部饰交错绳纹、较细，绳纹上边饰弦纹，圈足饰两道弦纹。

小型簋 1982APNH8：3

苗圃北地
殷墟一期晚段
高 9.5 厘米、口径 11.2 厘米
泥质灰陶。沿长而立，鼓腹，矮圈足，
下口外敞。

觚　1984APNT4④：6

苗圃北地
殷墟一期晚段
高 14.3 厘米、口径 13.6 厘米
泥质灰陶。体较矮，中部细，上口
外敞明显，圈足下口微外敞。体表磨光。

盘　1989AXTH4：1

小屯
殷墟一期晚段
高 11.6 厘米、口径 34.4 厘米
泥质灰陶。大口，口近敞，腹较深，腹壁弧，圈足粗、较矮。

2003AXNH227　出土陶器

　　从左到右：1.三足瓮（H227∶5）　　2.簋（H227∶7）　　3.筒形器（H227∶6）
4.深腹盆（H227∶4）

簋　2003AXNH227∶7

孝民屯
殷墟一期晚段
高15.2厘米、口径22厘米、足径12.5厘米
泥质灰陶。口近敛，厚圆唇，腹较斜，圈足矮、
粗。通体表磨光，腹饰多道弦纹。

筒形器　2003AXNH227：6

孝民屯
殷墟一期晚段
孔径 8~9 厘米、高 13.2 厘米。
泥质灰陶，局部深灰色。直口，
上下口平缘。表磨光。

深腹盆　2003AXNH227：4

孝民屯
殷墟一期晚段
高 27.1 厘米、口径 33.2 厘米、底径 12.9 厘米
泥质灰陶。短斜领、短折沿、平、束颈，上腹较鼓，向下斜收，底较大、中部微
凸起。中腹饰中绳纹，间有弦纹。

三足瓮 2003AXNH227：5

孝民屯
殷墟一期晚段
高 41.2 厘米、口径 19.2 厘米
夹砂褐陶。体较高，敛口，折肩，深腹，圜底，下接三个扁足。
肩以下饰中绳纹。

勺　2003AXSF15-1：1

孝民屯
殷墟一期晚段
高 5.6 厘米、口径 10.3 厘米
泥质浅灰陶。形似豆盘、浅，口一端接一锥形短把。

鬲　2003AXSF29-1：1

孝民屯
殷墟一期晚段
高 20.6 厘米、口径 15.6 厘米
夹砂浅灰陶。体高大于宽。侈口，斜沿，袋腹最宽处偏中，裆宽、较低，裆上部微瘪，锥足较高。体饰绳纹较细，整齐，也较浅。

鬲　2003AXSF69：2

孝民屯
殷墟一期晚段
高 18.6 厘米、口径 13.6 厘米
　夹砂灰陶，胎质粗糙，夹砂比例高。
体高大于宽。侈口，短沿斜立，袋腹两
侧直，矮裆，锥足较矮。体饰绳纹，整
齐，较深。

鬲　2003AXSG14：2

孝民屯
殷墟一期晚段
高 19.8 厘米、口径 14.1 厘米
　夹砂灰陶。卷领，乳状袋足，高裆，
袋腹最宽处近中腹，无实足。领部饰花
边堆纹，袋腹饰散乱的细绳纹。此型鬲
多见于以清涧县李家崖遗址为代表的晋
陕高原青铜文化。

2004ASH357　出土陶器

　　前排（从左到右）：1.鬲（H357：10）　2.鬲（H357：6）　3.鬲（H357：5）
4.器盖（H357：26）　5.豆（H357：19）　6.豆（H357：18）　7.豆（H357：17）
8.钵（H357：25）

　　中排（从左到右）：1.鬲（H357：1）　2.鬲（H357：4）　3.罐（H357：24）
4.罐（H357：23）　5.簋（H357：15）　6.簋（H357：16）　7.簋（H357：14）　8.
簋（H357：13）

　　后排（从左到右）：1.鬲（H357：20）　2.鬲（H357：7）　3.鬲（H357：8）
4.鬲（H357：9）　5.深腹盆（H357：22）　6.深腹盆（H357：21）　7.甗（H357：12）

　　参考文献　中国社会科学院考古研究所：《安阳大司空——2004年发掘报告》，
文物出版社，2014。

鬲 2004ASH357：7

豫北纱厂
殷墟一期晚段
高 29.6 厘米、口径 25.3 厘米
夹砂灰陶。体高大于宽。侈口，斜折
沿，袋腹略直，裆较低，锥足较高。袋腹
饰粗绳纹。

鬲 2004ASH357：20

豫北纱厂
殷墟一期晚段
高 31 厘米、口径 28.8 厘米
夹砂灰陶。体高大于宽。斜沿近折，袋
腹最宽处偏中，低裆，锥足较高。袋腹饰粗
绳纹。

鬲　2004ASH357：4

豫北纱厂
殷墟一期晚段
高 15.7 厘米、口径 13.9 厘米
夹砂灰陶。体高大于宽。侈口，短沿近折，束颈，袋腹最宽处偏中，裆较低，锥足较高。袋腹饰粗绳纹。

鬲　2004ASH357：8

豫北纱厂
殷墟一期晚段
高 21.6 厘米、口径 21.4 厘米
夹砂红褐陶。体高大于宽。侈口，沿斜立、近折，袋腹中部微鼓，裆较低，锥足较高。袋腹饰粗绳纹。

鬲　2004ASH357：9

豫北纱厂
殷墟一期晚段
高 19.4 厘米、口径 17 厘米
夹砂灰陶。体高大于宽。侈口，沿近折、斜立，袋腹中部较鼓，
裆较低，锥足较高。袋腹饰中绳纹。

鬲　2004ASH357：1

豫北纱厂
殷墟一期晚段
高 29.6 厘米、口径 25.3 厘米
夹砂灰陶。体高大于宽。侈口，斜沿
近折，束颈，袋腹最宽处偏中，裆较低，
锥足较高。袋腹饰粗绳纹。

鬲　2004ASH357：5

豫北纱厂
殷墟一期晚段
高 12.2 厘米、口径 11.8 厘米
夹砂灰陶。体高大于宽。侈口，沿斜立，
袋腹下部微鼓，实足略残。腹部饰细绳纹。

鬲　2004ASH357：6

豫北纱厂
殷墟一期晚段
高 13.9 厘米、口径 12.8 厘米
夹砂灰陶。体高略大于宽。侈口，沿面微
凹，沿近折，颈微束，袋腹最宽处偏中，裆较矮，
锥足较高。袋腹饰横绳纹、较细，上贴环络纹
式附加堆纹，颈下边横向一道，袋腹纵、斜多道。

甗 2004ASH357：12

豫北纱厂
殷墟一期晚段
高 40.5 厘米、口径 31.6 厘米
　　夹砂灰褐陶。甑部口近敞，短折沿，口内凹槽深，底部算隔较宽；鬲部高大于宽，袋腹中部较鼓，裆较高，锥足较高。体饰粗绳纹。

簋 2004ASH357：13

豫北纱厂
殷墟一期晚段
高 15.6 厘米、口径 25.8 厘米
泥质灰陶。口近敛，扁唇较宽、外撇，腹壁近直，下部急收，圈足极矮、粗。
体粗磨，饰弦纹数周，底部饰绳纹，稀疏。

簋 2004ASH357：14

豫北纱厂
殷墟一期晚段
高 17.2 厘米、口径 27.2 厘米
泥质灰陶。敞口，圆唇，沿面外斜略鼓，
腹壁较竖直，圜底平整，矮宽圈足外侈。腹
部饰弦纹数周。

簋　2004ASH357∶15

豫北纱厂
殷墟一期晚段
高 12.4 厘米、口径 20 厘米
泥质灰陶。口近敛，扁唇较宽、
外撇，腹壁近直，下部急收，圈足极矮、
粗。体表粗磨，颈及腹部饰弦纹数周。

豆　2004ASH357∶17

豫北纱厂
殷墟一期晚段
残高 7 厘米、口径 13.5 厘米
泥质灰陶。较深盘。圆唇，弧腹，圈足较粗，
下部残。

豆　2004ASH357∶19

豫北纱厂
殷墟一期晚段
高 4 厘米、口径 14 厘米
泥质灰陶。浅盘，口缘面外下倾，弧腹，
圈足残断后，磨平继续使用。

深腹盆　2004ASH357：21

豫北纱厂
殷墟一期晚段
高 21.8 厘米、口径 29.8 厘米
泥质灰陶。侈口，短沿，弧腹，平底，底中部微凸起。上腹素面，中腹饰绳纹，
间饰抹弦纹。

深腹盆　2004ASH357：22

豫北纱厂
殷墟一期晚段
高 19 厘米、口径 26.4 厘米
泥质灰褐陶。侈口，短沿，弧腹，
平底。中腹饰绳纹，间饰抹弦纹。

罐 2004ASH357：24

豫北纱厂
殷墟一期晚段
高 17.6 厘米、口径 13.8 厘米
泥质灰陶。侈口，中腹微鼓，圜底。
腹饰绳纹。

钵 2004ASH357：25

豫北纱厂
殷墟一期晚段
高 9.8 厘米、口径 10.6 厘米
泥质灰陶。侈口，折肩，腹较深，圜底。肩部上下饰弦纹，上腹饰横向细绳纹，
下腹饰竖向细绳纹。

器盖 2004ASH357：26

豫北纱厂

殷墟一期晚段

高 4.6 厘米、口径 13.6 厘米

夹砂灰陶。盖很浅，顶接矮钮，带子
母口。盖面饰数周弦纹。

簋 2004ASH431②：12

豫北纱厂

殷墟一期晚段

高 18.1 厘米、口径 26 厘米、圈足径 13.2 厘米

泥质灰陶。敞口，唇较厚，深腹，腹较斜，圜底，矮圈足较大。颈部及
腹部饰弦纹数周。

罐 2004ASH431 ② : 8

豫北纱厂
殷墟一期晚段
高 28.6 厘米、口径 10 厘米、底径 15.7 厘米
泥质灰褐陶。侈口，沿较长、立，宽肩，斜腹急收。腹和底均饰交错
中绳纹。此型罐多见于以清涧县李家崖遗址为代表的晋陕高原青铜文化。

罐 2004ASH431 ② : 16

豫北纱厂
殷墟一期晚段
高 17.8 厘米、口径 12.1 厘米、底径 10.6 厘米
泥质灰陶。侈口，卷沿，斜肩，腹较深，平底略内凹。体素面，腹饰
两周弦纹。

鬲　2004AXSF102-2∶1

孝民屯
殷墟一期晚段
高 17.4 厘米、口径 18.4 厘米
夹砂灰陶。体高大于宽。卷沿近平，沿面微凹，体最宽处偏下，裆较高，锥足较高。袋腹饰粗绳纹，整齐、较深。

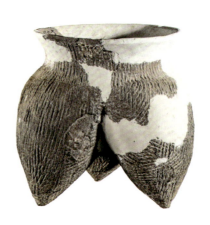

鬲　2004AXSF102-2∶2

孝民屯
殷墟一期晚段
高 16.5 厘米、口径 13.6 厘米
夹砂灰陶。卷领，乳状袋足，裆线始端高，高裆，袋腹最宽处在近中腹，无实足。通体饰中绳纹、较乱。此型鬲多见于以清涧县李家崖遗址为代表的晋陕高原青铜文化。

2004AXSF106　出土陶器

从左到右：1.鬲（F106-1：2）　2.鬲（F106-3：1）

鬲　2004AXSF106-1∶2

孝民屯
殷墟一期晚段
高 22.2 厘米、口径 16 厘米
夹砂灰陶，胎质细腻，夹砂比例低。体高大于宽。侈口，短折沿，袋腹深，裆线头端高，裆较低，实足很矮。体饰细绳纹，整齐，较浅。此型鬲多见于京津地区的大坨头文化。

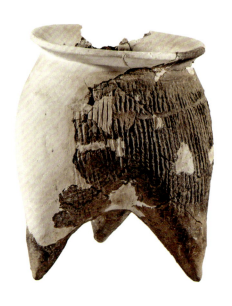

鬲　2004AXSF106-3∶1

孝民屯
殷墟一期晚段
高 20 厘米、口径 15.6 厘米
夹砂灰陶，足部为褐色，红胎。体高明显大于宽。侈口，斜折沿较宽，体最宽处偏中，裆较低，高锥足、较粗，腹、足衔接界限明显。体饰绳纹较细。此型鬲多见于以汾阳市杏花村第六期遗存为代表的晋中盆地的晚商文化。

大口尊　2005AXTH10：1

小屯北地
殷墟一期晚段
高 102 厘米、口径 60.8 厘米、肩径 43.2 厘米
泥质灰陶。敞口，高领，折肩明显，深腹较直，圜底。肩部饰两周附加堆纹
和三组等距简化兽面纹，口沿以下至上腹部饰八道凹弦纹，以下部位饰中粗绳纹，
间有五周弦纹；内壁肩部以下密布大麻点。

2010AGDDⅠH26　出土陶器

从左到右：1.罐（H26∶4）　2.鬲（H26∶1）

鬲　2010AGDDⅠH26∶1

安钢大道
殷墟一期晚段
高21厘米、口径17.1厘米

夹砂灰褐陶，厚胎。体高大于宽。侈口，沿面微凹，短沿近折，宽方唇，裆线始端高，裆较高，锥足。腹饰中绳纹。此型鬲常见于以菏泽市安邱堌堆遗址为代表的山东西南部晚商文化。

罐　2010AGDD Ⅰ H26：4

安钢大道
殷墟一期晚段
高 28.8 厘米、口径 17.3 厘米、底径
13.5 厘米
泥质红陶。侈口，折沿长而立，折肩较
高，弧腹，平底。体饰绳纹，肩部饰弦纹两周。

鬲　2016ASH16：31

豫北纱厂
殷墟一期晚段
高 32.5 厘米、口径 24.6 厘米
夹砂陶，体黑褐色，足红褐色。侈口，束颈，袋腹上部外鼓、斜直成肩，裆
线始端高，裆较高，锥形高足，足底平。袋腹通饰细绳纹，足正上加贴牛头形兽面纹，
角、睛凸起，地纹为刻画云雷纹。

罐 1959APNM103：1

苗圃北地
殷墟一期晚段
高 35.2 厘米、口径 13.5 厘米
瓮棺葬具。泥质灰陶。直口，短领较直，肩圆、较高，腹向下斜收，平底、中部微凸起。体饰交错绳纹、较细。

1959WGM1　出土陶器

前排（从左到右）：1.带盖盂（M1：21）　2.带盖盂（M1：22）　3.带盖盂（M1：20）　4.带盖盂（M1：17）

后排（从左到右）：1.罍（M1：18）　2.鬲（M1：23）　3.簋（M1：19）　4.簋（M1：24）

此墓葬还随葬鼎2、甗1、斝1、觚2、爵2、瓿1、戈4、刀1、残刀1、锛1等青铜器。

参考文献　中国社会科学院考古研究所安阳工作队：《安阳武官村北的一座殷墟墓》，《考古》1979年第3期。

鬲　1959WGM1：23

武官北地
殷墟一期晚段
高 13.5 厘米、口径 13.5 厘米
夹砂灰陶。体高大于宽。侈口，沿面微凹，沿近折，颈微束，袋腹最宽处偏中，裆较矮，锥足较高。袋腹饰横绳纹、较细，上贴环络纹式附加堆纹，颈下边横向一道，袋腹纵、斜多道。

簋　1959WGM1：19

武官北地
殷墟一期晚段
高 11.9 厘米、口径 18 厘米、圈足径 10.5 厘米
泥质灰陶。口近敛，厚圆唇，弧腹，圈足矮、粗。体表磨光，腹饰弦纹。

簋　1959WGM1：24

武官北地

殷墟一期晚段

高 13.6 厘米、口径 22 厘米、圈足径 12.5 厘米

泥质灰陶。口近敛，厚圆唇，弧腹，圈足矮、粗。体表磨光，腹饰弦纹。

带盖盂　1959WGM1：17

武官北地

殷墟一期晚段

通高 12.9 厘米、器高 7.4 厘米、器口径 11.4 厘米、圈足径 7.2 厘米；盖高 7.6
厘米、盖口径 10.8 厘米

泥质浅灰陶。盂为直口，弧腹，矮圈足。盖的顶面近平，侧面向下外侈，菌形钮、
很矮。

带盖盂　1959WGM1：20

武官北地

殷墟一期晚段

通高 11.5 厘米、器高 6.8 厘米、器口径 9.9 厘米、圈足径 7.4 厘米；盖高 5 厘米、盖口径 10 厘米

泥质灰陶。盂为直口，腹近直，矮圈足、下口微外侈。盖顶面微弧起，侧壁向下外侈，菌形矮钮。素面，体饰弦纹。

带盖盂　1959WGM1：22

武官北地

殷墟一期晚段

通高 12.5 厘米、器高 7.1 厘米、口径 11 厘米、圈足径 7 厘米；盖高 5.8 厘米、盖口径 10.4 厘米

泥质灰陶。盂为直口，腹近直，矮圈足、下口微外侈。盖顶面微弧起，侧壁向下外侈，菌形矮钮。素面，体饰弦纹。

带盖盂 1959WGM1：21

武官北地

殷墟一期晚段

通高13厘米、器高7.3厘米、器口径11厘米、圈足径6.8厘米；盖高6厘米、盖口径11.7厘米

泥质灰陶。盂为直口，腹近直、矮圈足、下口微外侈。盖顶面微弧起，侧壁向下外侈，菌形矮钮。素面，体饰弦纹。

大型罍 1959WGM1：18

武官北地

殷墟一期晚段

通高31厘米、口径9厘米、底径11厘米

泥质灰陶。小口，直领较短，圆肩、很高，弧腹，平底、中部微凸。肩上有两个横耳相对，耳间下及近腹底有一横錾。耳、錾间饰交错绳纹、较细，间饰弦纹。

鬲　1960APNM212：1

苗圃北地
殷墟一期晚段
高 13.5 厘米、口径 12.8 厘米

夹砂灰褐陶。体高大于宽。侈口，沿面微凹，沿近折，颈微束，袋腹最宽处偏中，裆较矮，锥足较高。袋腹饰绳纹、较细，上贴环络纹式附加堆纹，颈下边横向一道，袋腹部纵、斜多道。

1960APNM224　出土陶器

从左到右：1. 罐（M224：2）　2. 盆（M224：3）　3. 大型鬲（M224：1）

参考文献　中国社会科学院考古研究所：《殷墟发掘报告（1958~1961）》，文物出版社，1987。

大型鬲　1960APNM224：1

苗圃北地
殷墟一期晚段
高 39.7 厘米、口径 26.6 厘米
夹砂灰陶。高体，体大于宽。侈
口，沿面微凹，沿近折，体最宽处偏中，
裆较高，锥足较高。袋腹饰粗绳纹。

罐　1960APNM224：2

苗圃北地
殷墟一期晚段
高 28.5 厘米、口径 14.3 厘米、底径
11.2 厘米
泥质灰陶。口较小，直领较短，肩圆、
高，弧腹，平底。肩、腹饰中绳纹、较疏，
间饰多道抹弦纹。

深腹盆　1960APNM224：3

苗圃北地
殷墟一期晚段
高 23.3 厘米、口径 32.5 厘米、
底径 14.7 厘米
泥质浅灰陶。短斜领，折沿窄、平，
弧腹，平底。腹饰中绳纹，间饰抹弦纹。

罐　1960AVEM11：1

王裕口村西
殷墟一期晚段
高 31.5 厘米、口径 16 厘米、底径 12 厘米
瓮棺葬具。泥质浅灰陶。口近直，沿短而立，圆肩、高，弧腹，平底。肩、
腹部饰交错细绳纹、较疏，间饰抹弦纹。

1961APNM58　出土陶器

从左到右：1. 爵（M58：2）　2. 觚（M58：1）
此墓还出土陶簋1。

参考文献　中国社会科学院考古研究所：《殷墟发掘报告（1958~1961）》，
文物出版社，1987。

觚　1961APNM58：1

苗圃北地
殷墟一期晚段
高10.4厘米、口径12厘米、圈足径7.5
厘米
泥质浅灰陶。体较矮、粗。喇叭形口，体
中段较粗，圈足矮、下口微外侈。体略经磨光。

爵　1961APNM58：2

苗圃北地
殷墟一期晚段
高13厘米、足高3厘米
　　泥质浅灰陶。上部为杯形、体粗，口为椭圆形，中部微内收，圜底，下接三锥足、较矮。口端有流无尾。流较长、近卷舌形，流尾近口处两侧有附加泥丁，腹上有鋬，下对一足。体略经磨光，腹饰弦纹三周。

大型鬲　1961APNM138：1

苗圃北地
殷墟一期晚段
高35.1厘米、口径31.7厘米
　　瓮棺葬具。高体，体高明显大于宽。侈口，卷沿，沿面有凹槽，体最宽处偏中，裆较低，锥足较高、粗。袋腹饰粗绳纹。

高体圜底瓮　1962APNM10：1

苗圃北地
殷墟一期晚段
高 72.5 厘米、口径 33.3 厘米
泥质橙黄陶。高体。短领斜立，肩高、近圆，上腹直，向下弧收，圜底。体饰中绳纹，肩下边贴附加堆纹。

罐 1963APNM26∶3

苗圃北地
殷墟一期晚段
高 43.5 厘米、口径 18.6 厘米、底径 17.9 厘米
瓮棺葬具。泥质灰陶。侈口，卷沿短，肩斜、高，腹斜直，平底。肩、腹部饰交错中绳纹。

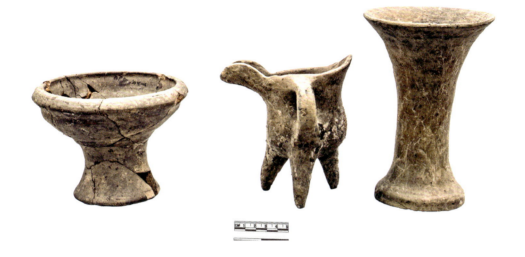

1979AGM1590 出土陶器

从左到右：1.豆（M1590:3） 2.爵（M1590:2） 3.觚（M1590:1）

此墓（未发表）还随葬青铜戈1。

觚　1979AGM1590：1

安钢

殷墟一期晚段

高18.5厘米、口径12.6厘米、圈足径8.9
厘米

泥质灰陶。体较矮、粗。喇叭形口，体
中段略粗，圈足矮、下口微外侈。体略经磨光。

爵　1979AGM1590：2

安钢

殷墟一期晚段

高14厘米

泥质灰陶。上部为杯形、较粗，中部微内收，
圈底，下接三锥足、较矮。杯口为椭圆形，口端有
短流和尾向外伸出。流侧边凸起，尾上翘。腹上有
鋬，下对一足。体略经磨光。

豆　1979AGM1590：3

安钢

殷墟一期晚段

高11厘米、口径15.6厘米、圈足径7.7
厘米

泥质灰陶。盘小、较浅，侈口，唇缘凸起，
上腹直，向下斜收，圈足较高、较粗。素面。

罐　1992HDM81：7

花园庄东地

殷墟一期晚段

高20.2厘米、口径12.9厘米

泥质灰陶。直口，短领，圆腹，腹最大径偏中，圜底。体饰交错绳纹、较细。

1993 新安庄 M196　出土陶器

从左到右：1.豆（M196：2）　2.鬲（M196：3）

此墓葬（未发表）还随葬陶觚1件。

豆　1993 新安庄 M196：2

苗圃北地
殷墟一期晚段
高5.9厘米、口径13.4厘米
泥质灰陶。浅盘较小，侈口，唇缘微
凸、外倾，腹较斜，向下弧折急收，圈足
残、较粗。素面。

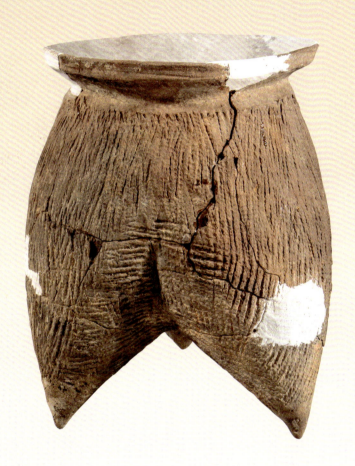

鬲 1993 新安庄 M196：3

苗圃北地

殷墟一期晚段

高 26.5 厘米、口径 19.4 厘米

夹砂红褐陶。高体，体高明显大于宽。侈口，斜沿近折，袋腹深、最宽处偏中，裆较高，锥足较低。袋腹饰粗绳纹、较乱。

2001HDM60 出土陶器

前排（从左到右）：1.豆（M60：14）　2.豆（M60：11）　3.豆（M60：16）
4.豆（M60：13）　5.器盖（M60：41）　6.豆（M60：9）　7.豆（M60：12）
8.豆（M60：10）　9.豆（M60：15）

中排（从左到右）：1.鬲（M60：45）　2.鬲（M60：71）　3.鬲（M60：19）
4.器盖（M60：39）　5.器盖（M60：40）　6.盂（M60：38）　7.小型尊（M60：37）
8.簋（M60：20）

后排（从左到右）：1.深腹盆（M60：27）　2.深腹盆（M60：40）　3.深腹
盆（M60：28）　4.圆腹罐（M60：24）　5.瓿（M60：25）　6.簋（M60：21）
7.大型罍（M60：26）

此墓中出土器物均为残片，修复陶器26件。除上述器物外，还有陶豆2、纺
轮1以及青铜、玉与石器、骨、蚌、卜骨等。

参考文献　中国社会科学院考古研究所：《安阳殷墟花园庄东地商代墓葬》，
科学出版社，2007。

鬲 2001HDM60：45

花园庄东地
殷墟一期晚段
高 17.8 厘米、口径 17.2 厘米
夹砂灰陶。体高明显大于宽。侈口，斜沿近折，袋腹最宽处偏中，裆较低，
锥足较高。袋腹饰粗绳纹。

鬲 2001HDM60：71

花园庄东地
殷墟一期晚段
高 14.2 厘米、口径 13.9 厘米
夹砂灰陶。体高略大于宽。侈口，折
沿近平，袋腹最宽处偏中，裆较低，锥足残。
袋腹饰粗绳纹。

鬲　2001HDM60：19

花园庄东地
殷墟一期晚段
高 12 厘米、口径 11.5 厘米
夹砂灰陶。体高略大于宽。侈口，斜折沿，束颈，袋腹最宽处偏下，裆较矮，锥足较高。袋腹饰横绳纹、较细，上贴环络纹式附加堆纹，颈下边横向一道，袋腹纵、斜多道。

簋　2001HDM60：20

花园庄东地
殷墟一期晚段
高 14.6 厘米、口径 22 厘米、圈足径 12.9 厘米
泥质灰陶。口近敛，厚圆唇，腹近直，圈足矮、粗。腹饰弦纹。

簋　2001HDM60：21

花园庄东地
殷墟一期晚段
高 14.2 厘米、口径 23.3 厘米、圈足径 13.1 厘米
泥质灰陶。口近敛，厚圆唇，腹近直，圈足矮、粗。腹饰弦纹。

豆　2001HDM60：15

花园庄东地
殷墟一期晚段
残高 9.6 厘米、口径 14.7 厘米
泥质灰陶。小盘很浅，口缘面平，盘壁斜，下部急收，圈足较高、较粗，上部竖直，
圈足残。

豆　2001HDM60：9

花园庄东地
殷墟一期晚段
残高 9.7 厘米、口径 14.4 厘米
泥质灰陶。小盘很浅，口缘面平，
盘壁斜，下部急收，圈足较高、较粗，
上部竖直，下残。

豆　2001HDM60：10

花园庄东地
殷墟一期晚段
高 9.4 厘米、圈足径 9.8 厘米、口径 14.8 厘米
泥质灰陶。小盘很浅，口缘面平，盘壁斜，下
部急收，圈足较高、较粗，上部竖直，下口外敞。

豆 2001HDM60：11

花园庄东地
殷墟一期晚段
残高 9.4 厘米、圈足径 10 厘米
泥质灰陶。盘部残，圈足较高、较粗，上
部竖直，下口外敞。

豆 2001HDM60：12

花园庄东地
殷墟一期晚段
残高 6.4 厘米、口径 14.7 厘米
泥质灰陶。小盘很浅，口缘面平，盘壁斜，
下部急收，圈足残。

豆　2001HDM60：13

花园庄东地
殷墟一期晚段
高 9 厘米、圈足径 10 厘米、口径
14.7 厘米
　　泥质灰陶。小盘很浅，口缘面平，
盘壁斜，下部急收，圈足较高、较粗，
上部竖直，下口外敞。

豆　2001HDM60：14

花园庄东地
殷墟一期晚段
高 9.3 厘米、口径 14.9 厘米、圈足径 7.6 厘米
　　泥质灰陶。小盘很浅，口缘面平，盘壁斜，下部急收，圈足较高、较粗，
上部竖直，下口外敞。

豆　2001HDM60：16

花园庄东地
殷墟一期晚段
高 9.2 厘米、圈足径 10.3 厘米、口径 14.6 厘米
泥质灰陶。小盘很浅，口缘面平，盘壁斜，下部急收，圈足较高、较粗，上部竖直，
下口外敞。

盂　2001HDM60：38

花园庄东地
殷墟一期晚段
高 8.3 厘米、口径 12.5 厘米
泥质灰陶。直口，直腹，平底，矮圈足、
下口微外撇。

瓿　2001HDM60：25

花园庄东地
殷墟一期晚段
高 18.9 厘米、口径 15.8 厘米、肩径 23.9 厘米、圈足径 16.5 厘米
泥质灰陶。短颈直立，肩较斜、宽，腹壁近直，向下急收，圈底，圈足粗、矮。
体饰弦纹，中腹饰交错细绳纹，下腹绳纹被抹去。

小型尊　2001HDM60：37

花园庄东地
殷墟一期晚段
高 14.2 厘米、口径 8.9 厘米
泥质灰陶。高领近直，折肩，腹近直，圈底，
下接圈足、残。饰多道弦纹。

大型罍　2001HDM60：26

花园庄东地
殷墟一期晚段
高 29 厘米、口径 10.5 厘米、底径 14.5 厘米
泥质灰陶。高体，短竖领，弧肩，肩部高，深腹，平底。肩部有两横耳对称，
两耳中间下到近底出一横耳式鋬。肩部磨光，饰弦纹，上腹饰三角划纹、中填细绳纹，
下腹素面。

深腹盆　2001HDM60：27

花园庄东地
殷墟一期晚段
高 23.3 厘米、口径 34.2 厘米、底径 13.3 厘米
泥质灰陶。侈口，短领斜立，短沿微外撇，深腹，向下弧收，平底较大。腹
饰中绳纹，间有多道弦纹。

深腹盆　2001HDM60：28

花园庄东地
殷墟一期晚段
高 23.5 厘米、口径 34.8 厘米、底径 14.1 厘米
泥质灰陶。侈口，短领斜立，平沿，深腹，向下弧收，平底较大。
腹饰中绳纹，间有多道弦纹。

罐　2001HDM60：24

花园庄东地
殷墟一期晚段
高 20.6 厘米、口径 15.5 厘米
泥质灰陶。侈口，卷领较长，束颈，
圆腹，圜底。腹饰交错细绳纹。

器盖　2001HDM60：39

　　花园庄东地
　　殷墟一期晚段
　　高 35.5 厘米、口径 10.9 厘米
　　夹砂灰陶。口较大，盘较浅，盖面微弧，顶接菌形钮，柄极矮，盖侧壁近直。
盖顶面饰弦纹，侧面饰稀疏的绳纹，多脱落。

器盖　2001HDM60：40

　　花园庄东地
　　殷墟一期晚段
　　高 16.7 厘米、口径 8.5 厘米
　　泥质灰陶。盖较深，顶面近平，接菌形钮，柄很矮，侧壁近直。
顶面饰一道弦纹。

器盖　2001HDM60：41

花园庄东地

殷墟一期晚段

高 9.8 厘米、口径 3.2 厘米

泥质灰陶。小口，盖面弧圆，顶接菌形钮、柄极矮，口为子母口。盖面磨光，饰弦纹。

1976AWBM12　出土陶器

前排（从左到右）：1.器盖（M12：5）　2.器盖（M12：3）

后排（从左到右）：1.大型罍（M12：7）（照片为 M12：6）　2.器盖（M12：2）3.器盖（M12：4）　4.大型罍（M12：6）

此祭祀坑还出器盖 2、骨笋 1。

参考文献　中国社会科学院考古研究所安阳工作队：《安阳殷墟奴隶祭祀坑的发掘》，《考古》1977 年第 1 期。

大型罍　1976AWBM12：6

武官村北地

殷墟一期晚段

高 35.1 厘米、口径 10.7 厘米、底径 15.6 厘米

泥质灰陶。小口，中领直，肩缓斜，肩部高，上腹弧，向下斜收，平底。肩部磨光，饰弦纹，肩上粘贴两个拱形耳相对，耳间近底有一拱形鋬。腹饰中绳纹，间饰弦纹，腹下部绳纹被抹去。

大型罍 1976AWBM12：7

武官村北地
殷墟一期晚段
高 32 厘米、口径 11.3 厘米、底径 12 厘米
泥质灰陶。小口，中领直，肩缓斜，肩部高，上腹弧，向下斜收，平底。肩部磨光，饰弦纹，肩上粘贴两个拱形耳相对，耳间近底有一拱形鋬。腹饰交错中绳纹，间饰弦纹，腹下部绳纹被抹去。

器盖　1976AWBM12：2

武官村北地
殷墟一期晚段
高 7.1 厘米、口径 13.8 厘米
泥质灰陶。盖较深，顶面微弧起，上接菌形钮、矮，侧壁微外弧。饰弦纹。

器盖　1976AWBM12：3

武官村北地
殷墟一期晚段
高 8.5 厘米、口径 13.4 厘米
泥质灰陶。盖较深，正面呈半圆形，上接菌形钮、矮。饰弦纹。

器盖　1976AWBM12：4

武官村北地

殷墟一期晚段

高 8 厘米、口径 14.5 厘米

泥质灰陶。盖较深，顶面微凹，上接菌形钮、矮，侧壁外弧。饰弦纹。

器盖　1976AWBM12：5

武官村北地

殷墟一期晚段

高 8 厘米、口径 14.1 厘米

泥质灰陶。盖较深，顶面微凹，上接菌形钮、矮，侧壁外弧。饰弦纹。

1991AXTM21 出土陶器

前排（从左到右）：1.罐（M21∶5） 2.罐（M21∶7）

中排（从左到右）：1.深腹盆（M21∶4） 2.深腹盆（M21∶10） 3.深腹盆（M21∶11） 4.深腹盆（M21∶9）

后排（从左到右）：1.大型罍（M21∶8） 2.大型罍（M21∶6） 3.大型罍（M21∶12）

此单位为祭祀坑。

参考文献 中国社会科学院考古研究所：《安阳殷墟小屯建筑遗存》，文物出版社，2010。

大型罍　1991AXTM21：6

小屯

殷墟一期晚段

通高 35.5 厘米、口径 10 厘米、底径 13 厘米；盖高 7.2 厘米、盖口径 12.62 厘米
泥质浅灰陶。瘦高体。小口，中领直，弧肩，肩部高，上腹弧，向下斜收，平底。
体饰绳纹，间饰弦纹，肩上粘贴两个拱形耳相对，耳间近底有一拱形鋬。有盖，较深，
正面呈半圆形，较深，顶面接菌形钮、矮。盖面饰弦纹。

大型罍　1991AXTM21：8

小屯

殷墟一期晚段

通高 38 厘米、口径 10.5 厘米、底径 14 厘米；盖高 8.8 厘米、盖口径 13 厘米
泥质浅灰陶。瘦高体。小口，中领直，弧肩，肩部高，上腹弧，向下斜收，平底。
体饰交错中绳纹，间饰弦纹，腹下部绳纹被抹去，肩上粘贴两个拱形耳相对，耳间
近底有一拱形鋬。有盖，较深，顶面微弧起，上接菌形钮、矮，侧壁直，饰弦纹。

大型罍 1991AXTM21：12

小屯

殷墟一期晚段

通高34厘米、口径10厘米、底径12.5厘米；盖高8厘米、盖口径12.5厘米
泥质浅灰陶。瘦高体。小口，中领直，弧肩，肩部高，上腹弧，向下斜收，平
底。体饰绳纹，间饰弦纹，肩上粘贴两个拱形耳相对，耳间近底有一拱形鋬。腹下
部绳纹被刮去。有盖，较深，顶面微弧起，上接菌形钮、矮，侧壁直，饰弦纹。

深腹盆 1991AXTM21：4

小屯

殷墟一期晚段

高27厘米、口径36厘米、底径15厘米
泥质灰陶。侈口，短领斜立，短折沿，方唇，
弧腹下收，平底。腹部饰绳纹，间饰弦纹，
腹下绳纹被刮掉。

深腹盆　1991AXTM21：9

小屯
殷墟一期晚段
高 26 厘米、口径 34 厘米、底径 15 厘米
泥质灰陶。侈口，短领斜立，短折沿，方唇，弧腹下收，平底。腹部饰绳纹，间饰弦纹，腹下绳纹被刮削、抹去，内壁麻点很浅，被抹。

深腹盆　1991AXTM21：10

小屯
殷墟一期晚段
高 22 厘米、口径 32 厘米、底径 12 厘米
泥质灰陶。侈口，短领斜立，短折沿，方唇，弧腹下收，平底。腹部饰绳纹，间饰弦纹，腹下绳纹被刮削、抹去，内壁麻点很浅，被抹。

深腹盆　1991AXTM21：11

小屯
殷墟一期晚段
高 22 厘米、口径 33 厘米、底径 12 厘米
泥质灰陶。侈口，短领斜立，短折沿，方唇，弧腹下收，平底。腹部饰绳纹，间饰弦纹，腹下绳纹被刮削、抹去，内壁麻点很浅，被抹。

罐　1991AXTM21：5

小屯
殷墟一期晚段
高 21 厘米、口径 14 厘米
泥质浅灰陶。侈口，领短、近卷，
束颈，圆腹、深大于宽，腹最大径偏中，
圜底。腹饰交错绳纹、较细,腹内壁有
麻点，被抹平，不太明显。

罐　1991AXTM21：7

小屯
殷墟一期晚段
高 22.4 厘米、口径 13.6 厘米
泥质浅灰陶。侈口，领短、近卷，束
颈，圆腹、深大于宽,腹最大径偏中,圜底。
腹饰交错绳纹、较细。

2003AXSM776

前排（从左到右）：1.花边鬲（M776：3）　2.鬲（M776：5）
后排（从左到右）：1.甗（M776：1）　2.簋（M776：4）　3.甗（M776：2）
瓮棺葬具。

参考文献　中国社会科学院考古研究所：《安阳孝民屯·殷墟墓葬》，文物出
版社，2018。

鬲　2003AXSM776：5

孝民屯
殷墟一期晚段
高 20.7 厘米、口径 17 厘米
夹砂灰陶。体高大于宽。侈口，斜折沿，袋腹最宽处偏下，裆较低，锥足残。沿内有凹弦纹一周，颈下饰凹弦纹一周，袋腹饰交错中绳纹，锥足部绳纹被抹。

花边鬲　2003AXSM776：3

孝民屯
殷墟一期晚段
高 21.1 厘米、口径 19.6 厘米
夹砂灰褐陶。体高大于宽。侈口，领较长、斜立，束颈，袋腹最宽处偏下，裆较高，无实足。通体饰较细绳纹，口边压印花边。
此型鬲多见于以清涧县李家崖遗址为代表的晋陕高原青铜文化。

甑 2003AXSM776：2

孝民屯
殷墟一期晚段
残高 21 厘米、口径 27.6 厘米
　夹砂灰陶。仅剩甑部。侈口，宽沿近平，束颈，深腹，中部外弧，
下部收束明显，无箅隔。腹饰粗绳纹、略斜。

甗 2003AXSM776：1

孝民屯
殷墟一期晚段
残高 20.8 厘米、口径 26 厘米
夹砂灰陶。仅剩甑部。直口、深腹，向下斜收，有箅隔。腹的中、下部饰较细绳纹，间饰弦纹两周。

簋 2003AXSM776：4

孝民屯
殷墟一期晚段
高 17.6 厘米、口径 27.1 厘米、圈足径 15.9 厘米
泥质灰陶。敛口，厚圆唇，深腹，腹较直，下腹急收，圜底，圈足矮而粗，下口外撇。腹部饰弦纹四周。

殷墟 二期

殷墟二期早段

人像　2010ALNH77：12

刘家庄北地

殷墟二期

高 18.6 厘米、肩宽 10.4 厘米

只有正面。大头，人面较平，面颊宽扁。顶近平，头束条带，下边刻一条横线，中有多道竖刻短线为纹。目为线刻，横目，眼外角上翘，鼻为捏塑，较宽、扁，鼻尖残，口部也残。短颈。上身正面近六边形，正中纵向起脊分成左右两半面；两侧边长、微内曲，两侧边加刻线构成两臂。下侧边做出方槽。胸及腋下有孔，口斜向下；胸部孔下刻画大心形。

深腹盆　1959APNT107 ⑤：201

苗圃北地

殷墟二期早段

残高 19 厘米、口径 32 厘米

残。中腹偏上一周附加堆纹，以下交错细绳纹，以上素面。

鬲　1960APNH20：9

苗圃北地
殷墟二期早段
高 16.1 厘米、口径 14.6 厘米
夹砂灰陶。体高大于宽。侈口，颈较长、微束，
裆较高，锥足。颈部素面，袋腹部饰绳纹。

大型罍　1960APNH213：12

苗圃北地
殷墟二期早段
高 32.8 厘米、口径 13 厘米
泥质灰陶。高体，竖领较高，折肩、高、深腹，平底较小。肩部有两横耳对称，
两耳中间下到近底出一横耳式鋬。肩以上略经磨光，间饰弦纹，耳、鋬间饰中绳纹，
间有弦纹一周，鋬下素面。

瓿 1960APNT211 ④：12

苗圃北地
殷墟二期早段
高 22.6 厘米、口径 15 厘米
泥质灰陶。小口，卷沿较长、立，折肩，腹较直，圈足较矮。肩饰弦纹，腹饰交错绳纹、较细。

鬲 1960AVET11 ⑤：58

苗圃北地
殷墟二期早段
高 19.6 厘米、口径 21.6 厘米
夹砂灰褐陶。方体。侈口，卷沿，袋部较鼓，裆较高，锥足较矮。腹饰绳纹、较疏、深。此型鬲形制特殊。

浅腹盆　1961APNH22：10

苗圃北地

殷墟二期早段

高 14.8 厘米、口径 33.7 厘米

泥质灰陶。侈口，宽沿领，短平沿，斜腹，平底。腹上部素面。短平沿微外撇。中腹饰中绳纹。

鬲　1973ASNH37：7

小屯南地

殷墟二期早段

高 25.1 厘米、口径 18.9 厘米

夹砂灰陶。体高大于宽。侈口，沿近折、斜立，袋腹深，裆线始端较高，低裆，锥足矮。体通饰中绳纹、斜而浅。此型鬲形制特殊。

壶　1973ASNH40：1

小屯南地

殷墟二期早段

高 36.7 厘米、口部长 20.4 厘米、宽 15.6 厘米、圈足径 18.7 厘米

泥质灰陶。仿铜器，扁体，颈部高而直，鼓腹偏下，圈足较矮、直。颈部偏
下有两个相对的竖向半圆柱形实心耳，耳间正中有两个相对的竖向泥条，两侧各
有一个圆泥饼。耳上下有较粗的弦纹，腹部饰三角绳纹、细。

甑 1976AXTH52：2

小屯西北地
殷墟二期早段
高 26 厘米、口径 36 厘米、底径 13.2 厘米
泥质灰陶。侈口短斜领、缘面平、较宽、
口内凹槽较深、斜腹、平底略凹。底有三个扇
形孔、表因修整留下的抹旋痕迹明显。

1976AXTH70 出土陶器

从左到右：1.鬲（H70：18） 2.簋（H70：19） 3.罐（H70：20）

参考文献 中国社会科学院考古研究所：《安阳小屯》，世界图书出版公司，
2002。

鬲　1976AXTH70：18

小屯西北地
殷墟二期早段
高 20.5 厘米、口径 17.7 厘米
夹砂灰陶。体高大于宽。侈口，斜沿，
束颈，袋足最宽处偏下，裆较低，锥足
较矮。中、下腹饰绳纹较细。

簋　1976AXTH70：19

小屯西北地
殷墟二期早段
高 17 厘米、口径 25.4 厘米、圈足径 11.3 厘米
泥质灰陶。圆唇较厚，腹较斜，圈足矮、较粗。通体表磨光，腹饰多
道弦纹，口内一道弦纹。

罐 1976AXTH70：20

小屯西北地
殷墟二期早段
高 30.5 厘米、口径 15.5 厘米、底径 11 厘米
泥质灰陶。竖领较短，圆肩较高，凹圈底。体饰绳纹、较细，肩部抹弦纹较宽。

大型罍　1976AXTT13 ② ：1

小屯西北地
殷墟二期早段
高 32.5 厘米、口径 12.3 厘米、底径 14.4 厘米
　泥质灰陶。高体，竖领，圆肩较高，深腹，平底较小。肩部有两横耳对称，
两耳中间下到近底出一横耳式鋬。肩以上略经磨光，间饰弦纹，耳、鋬间饰中绳纹，
间有弦纹一周，鋬下素面。

鬲　2004ASH314：12

豫北纱厂
殷墟二期早段
高 17.7 厘米、口径 19.2 厘米
　夹砂红陶。体高略大于宽。侈口，沿斜卷，腹侧向下斜，最宽处偏下，裆较低，
实足极矮。腹、足部饰有绳纹、斜而粗。此型鬲多见于泰沂山脉以北的山东北部
商文化。

甑　2004ASH314：13

豫北纱厂
殷墟二期早段
高 22.7 厘米、口径 28.6 厘米、
底径 11.3 厘米
　泥质深灰陶。敞口，腹较斜，
平底。腹饰绳纹、较深，底部有三
个扇形孔。

簋　2004ASH314：3

豫北纱厂

殷墟二期早段

高15.1厘米、口径22.5厘米、圈足径9.8
厘米

泥质深灰陶。敞口，圆唇较厚，腹斜直
向下收，矮圈足，下口外侈。上中腹饰数周
弦纹，下腹近底处有稀疏的绳纹、较细。

2015ALNH102　出土陶器

从左到右：1.鬲（H102：6）　2.鬲（H102：7）　3.簋（H102：5）

瘪裆鬲　2015ALNH102：6

刘家庄北地

殷墟二期早段

高 19.6 厘米、口径 15.7 厘米

夹砂灰褐陶。体高大于宽。侈口，沿近卷、近平，薄唇，束颈，中腹微鼓，裆线始端高、瘪裆较高，锥足也较高，腹足界限不清。腹、足通饰绳纹、较细，上腹经慢轮修整、绳纹被抹去，饰弦纹两周。此类器物多见于陕西关中地区以武功郑家坡遗址为代表的先周文化中。

鬲　2015ALNH102：7

刘家庄北地

殷墟二期早段

高 16.1 厘米、口径 16.5 厘米

夹砂灰陶。侈口，短折沿，袋腹最宽处偏中，裆较低，足残。袋腹饰粗绳纹。

簋　2015ALNH102：5

刘家庄北地
殷墟二期早段
高 17.3 厘米、口径 26.6 厘米、圈足 11.1 厘米
泥质灰陶。敞口，斜腹，下部急收，矮圈足，
下口外侈。腹饰弦纹，口内饰弦纹一周。

1961APNM17　出土陶器（部分）

从左到右：1.觚（M17：5）　2.鬲（M17：2）
此墓随葬品，除陶鬲 1、觚 1 外，还有陶爵 1、豆 1 以及鼎内外范 1、贝等。

参考文献　中国社会科学院考古研究所：《殷墟发掘报告》（1958～1961），
文物出版社，1987 年。

鬲　1961APNM17：2

苗圃北地
殷墟二期早段
高 19.6 厘米、口径 18 厘米
夹砂灰褐陶。体高大于宽。侈口，
短折沿，口缘上折，腹微鼓，足内敛，
腹饰斜绳纹。

觚　1961APNM17：5

苗圃北地
殷墟二期早段
高 16.9 厘米、口径 14.5 厘米、底径 8.8 厘米
泥质浅灰陶。体较矮、粗。喇叭形口外敞，体
中段内收较明显，圈足较矮、下口外侈。

1961APNM22　出土陶器

从左到右：1.鬲（M22：4）　2.爵（M22：3）　3.觚（M22：5）
此墓还随葬青铜刀1、贝2。

参考文献　中国社会科学院考古研究所：《殷墟发掘报告（1958~1961）》，
文物出版社，1987。

鬲　1961APNM22：4

苗圃北地
殷墟二期早段
高13.6厘米、口径12.8厘米
　夹砂灰陶。体高大于宽。侈口，沿
面微凹，斜折沿，袋腹最宽处偏中，裆
较低，锥足较矮。腹饰斜绳纹，上贴环
络纹式附加堆绳纹。

觚　1961APNM22：5

苗圃北地
殷墟二期早段
高 16.5 厘米、口径 14 厘米、圈足径 7.7 厘米
泥质浅灰陶。体较矮、粗。喇叭形口外敞，体中段内收较明显，圈足较矮、下口微外侈。

爵　1961APNM22：3

苗圃北地
殷墟二期早段
高 13 厘米、足高 3 厘米
泥质浅灰陶。上部为杯形、较粗，中腹内收，圜底，下接三锥足、较矮。有流无尾。杯口前部内挤成短流，流、口相接处的口边贴纵向短泥条。杯部接纵向鋬，腹饰三周弦纹。

壶　1961APNM124：231

苗圃北地

殷墟二期早段

高 32.8 厘米、最大口径 16 厘米、圈足径 21.3 厘米

瓮棺葬具。泥质灰陶。口扁圆、侈口，短沿斜立，腹壁斜向下，下腹鼓，矮圈足、较直。颈下有两个纵向实心贯耳相对。体表磨光，上腹饰多道弦纹，中、下腹饰三角划纹、中填细绳纹。

1971ATM25　出土陶器

从左到右：1.尊（M25：1）　2.瓿（M25：6）　3.豆（M25：5）

瓿　1971ATM25：6

高楼庄南地
殷墟二期早段
高 16.7 厘米、口径 14.2 厘米、圈足径 8.7 厘米
泥质灰陶。体较矮，喇叭形口外敞，体中段内收
较明显，圈足较高、下口明显外侈。腹、圈足相接处
有凸棱。

豆　1971ATM25：5

高楼庄南地

殷墟二期早段

残高 4.5 厘米、口径 13.9 厘米

泥质灰陶。盘较浅，侈口，扁唇、外倾，弧腹，下急折内收，圈足残、较粗。素面。

尊　1971ATM25：1

高楼庄南地

殷墟二期早段

高 22 厘米、口径 24.8 厘米、圈足径 10.8 厘米

泥质灰陶。侈口，高领，肩极窄、微折，深腹斜直，圈足较高、下口外侈。腹上、下边饰弦纹、较宽，间饰绳纹。

硬陶器盖　1984AXTM34

小屯西北地

殷墟二期早段

高 6.5 厘米、底径 16.1 厘米、盖钮径 6.9 厘米

浅灰色。倒扣碗形。下口一段盖侧壁近直、短，斜折向顶面，接喇叭口握手、很矮。顶面饰弦纹两组、多道，偏下一组间饰指甲戳印纹。

1992APNM190　出土陶器

从左到右：1.鬲（M190:8）　2.觚（M190:9）　3.爵（M190:10）

鬲　1992APNM190：8

苗圃北地
殷墟二期早段
高 23.7 厘米、口径 19 厘米
夹砂灰陶。体高大于宽。侈口，沿
面微凹，斜折沿，袋腹最宽处偏下，裆
较低，锥足较矮。袋腹饰粗绳纹。

觚　1992APNM190：9

苗圃北地
殷墟二期早段
高 16.4 厘米、口径 14.2 厘米、底径 8.6 厘米
泥质灰陶。体较矮、粗。喇叭形口外敞，体
中段内收较明显，圈足较高、下口外侈。

爵　1992APNM190：10

苗圃北地
殷墟二期早段
高 15.1 厘米、口径 8 厘米
泥质灰陶。上部为杯形、较粗，中腹内收，
圈底，下接三锥足、较矮。有流无尾。杯口前部
内挤成短流，流、口相接处的口边贴纵向短泥条。
杯部接纵向鋬，腹饰三周弦纹。

仿铜尊　1992HDM76：1

花园庄东地
殷墟二期早段
高 26.7 厘米、口径 26.4 厘米、底径 18.6 厘米
泥质灰陶。口外敞，高领，斜折肩、较宽，腹鼓，圈足较高、下口出沿。
体表磨光，领部、腹上边饰弦纹，有纵向扉棱四个、两两相对，将腹四等分，
间饰网格纹。领、圈足饰多道弦纹。

1999ALNM1071　出土陶器（部分）

从左到右：1.爵（M1071：4）　2.簋（M1071：2）
此墓（未发表）还随葬陶爵1、豆1以及贝1。

簋　1999ALNM1071：2

刘家庄北

殷墟二期早段

高 15.9 厘米、口径 23.6 厘米、圈足径 14.5 厘米

泥质灰陶。口近敞，厚唇、缘外倾，腹较斜，圈足粗、较矮。体饰弦纹，其中上腹饰一组弦纹间贴泥饼。

爵　1999ALNM1071：4

刘家庄北

殷墟二期早段

高 15.6 厘米、口径 9 厘米

泥质浅灰陶。上部为杯形、较粗，中腹微束，圜底，下接三锥足、较矮。有流无尾。杯口内挤而成短流，流、口相接处的口边贴纵向短泥条。杯部接纵向鋬，中腹饰弦纹。

殷墟二期晚段

尊　1958AGT31 ⑤：48

安钢

殷墟二期晚段

高 17 厘米、口径 23 厘米

泥质浅黄陶。敞口，束颈，折肩，弧腹，矮圈足。腹部饰弦纹。

硬陶瓿　1959APN Ⅲ T8 ③：1

苗圃北地

殷墟二期晚段

高 39 厘米、口径 29 厘米

浅灰色，胎薄。短立领，折肩窄而平，深腹、中部较鼓，圈足较高、下部外侈。肩下缘有两个对称的纵向贯耳，肩下边饰指甲戳印纹两周。此型硬陶瓿多见于以岳阳市费家河遗址为代表的湘江下游青铜文化。

1961APNH4　出土陶器

　　从左到右：1.甗（H4∶2）　2.簋（H4∶13）　3.中型罍（H4∶12）

　　参考文献　中国社会科学院考古研究所：《殷墟发掘报告（1958~1961）》，
文物出版社，1987。

甗 1961APNH4：2

苗圃北地
殷墟二期晚段
高 42.5 厘米、口径 30.5 厘米
夹砂灰陶。甑部侈口，深腹较斜，与鬲部相接处收束，鬲部裆较高，锥足也较高。
体饰中绳纹，上腹部还有一周附加堆纹、较粗。

簋　1961APNH4：13

苗圃北地

殷墟二期晚段

高 17.5 厘米、口径 24.4 厘米

泥质灰陶。敞口，唇扁平、较宽，斜腹，矮圈足、较小。下腹饰中绳纹。

中型罍　1961APNH4：12

苗圃北地

殷墟二期晚段

残高 20 厘米、口径 9 厘米

小口，口近敛，圆肩，斜腹，平底。肩部两耳相对，两耳中间近底部有一鋬。体略经磨光，肩饰弦纹。

缸 1973ASNH30：1

小屯南地
殷墟二期晚段
高 16.5 厘米、口径 22 厘米
夹砂红褐陶。敞口，腹较深，向下
曲收，下部变细，小平底。口到上腹腹
壁薄，下腹到底部壁厚。外壁表局部脱
落，可见方格纹。

尊 1973ASNH38：21

小屯南地
殷墟二期晚段
高 18.7 厘米、口径 22.7 厘米、底径 12.8 厘米
泥质灰陶。喇叭形口，高领，腹微鼓，高圈足外撇。腹饰交错细绳纹，领下、
圈足饰弦纹。

尊　1973ASNH79：6

小屯南地

殷墟二期晚段

高 19.5 厘米、口径 24 厘米、底径 11.4 厘米

泥质深灰陶。敞口，腹近直，矮圈足外撇。体略经磨光，领、腹间与下腹饰弦纹，中腹饰细绳纹。

1973ASNH118　出土陶器

从左到右：1. 大型罍（H118：83）　2. 簋（H118：82）　3. 鬲（H118：84）
4. 鬲（H118：79）

参考文献　中国社会科学院考古研究所安阳工作队：《1973 年小屯南地发掘报告》，《考古学集刊》第 9 集，科学出版社，1995。

鬲　1973ASNH118：79

小屯南地
殷墟二期晚段
高 16.7 厘米、口径 14.2 厘米
夹砂灰陶。体高大于宽。侈口，短沿近折，袋腹最宽处偏中，裆较低，锥足较矮。袋腹部饰中绳纹。

鬲　1973ASNH118：84

小屯南地
殷墟二期晚段
高 17.2 厘米、口径 16.3 厘米
夹砂灰陶。体高略大于宽，侈口，沿极短、近折，袋腹最宽处偏中，裆较低，锥足较矮。袋腹部饰粗绳纹、较疏。

簋 1973ASNH118：82

小屯南地
殷墟二期晚段
高 18 厘米、口径 26.5 厘米、圈足径
12.4 厘米
泥质灰陶。敞口，扁唇较宽，斜腹，
矮圈足较小。腹部饰数道抹弦纹。

大型罍 1973ASNH118：83

小屯南地
殷墟二期晚段
高 34.8 厘米、口径 13.2 厘米、底径 12.5 厘米
泥质灰陶。高体。中领近直，折肩，弧腹，平底。肩部有两横耳对称，两耳
中间下到近底处有一横耳式鋬。耳以上略经磨光，间饰弦纹，耳、鋬间饰三角细绳纹，
鋬下素面。

1976AXTH22 出土陶器

前排（从左到右）：1.鬲（H22：3） 2.器盖（H22：11） 3.盂（H22：4） 4.小型罐（H22：10）

中排（从左到右）：1.簋（H22：6） 2.簋（H22：5） 3.簋（H22：12）

后排（从左到右）：1.豆（H22：7） 2.尊（H22：8） 3.大型罍（H22：9）

参考文献 中国社会科学院考古研究所：《安阳小屯》，世界图书出版公司，2002。

鬲　1976AXTH22：3

小屯西北地
殷墟二期晚段
残高 12 厘米、口径 14 厘米、腹径 18.4 厘米
夹细砂灰褐陶。体高略大于宽。侈口，沿面微凹，短卷沿，束颈、颈较长，
袋腹最宽处偏中，裆较低，锥足残。袋腹部饰细绳纹，颈下边饰附加堆纹一周。

盂　1976AXTH22：4

小屯西北地
殷墟二期晚段
高 7 厘米、口径 16 厘米、圈足高 2.8 厘米
泥质灰陶。浅盘，直口，盘壁直，平底，
矮圈足较直。盘外壁饰两道弦纹。

簋 1976AXTH22：5

小屯西北地
殷墟二期晚段
高 14.2 厘米、口径 21 厘米
泥质灰陶。直口，平缘，直腹，
矮圈足、较直。腹、圈足部的凹弦
纹带浅而宽。

簋 1976AXTH22：6

小屯西北地
殷墟二期晚段
高 16 厘米、口径 23 厘米、圈足径 11.2 厘米
泥质灰陶。敞口，扁唇，斜腹，圜底，矮圈足较小。腹、圈足部饰弦纹。

簋 1976AXTH22：12

小屯西北地
殷墟二期晚段
高 16.4 厘米、口径 24 厘米
泥质灰陶。口微敛，扁唇，斜腹，圜底，矮圈足较小。腹、圈足部饰弦纹，中腹饰斜绳纹。

豆 1976AXTH22：7

小屯西北地
殷墟二期晚段
高 14.6 厘米、口径 29 厘米、圈足径 16.5 厘米
泥质灰陶，局部老黄色。直口，盘较浅，平缘微内倾，弧腹，圈足粗、较矮。体饰弦纹。

尊 1976AXTH22：8

小屯西北地

殷墟二期晚段

高 25.5 厘米、口径 23 厘米、圈足径 11 厘米

泥质灰陶。喇叭口较小，腹较细，直腹，圜底，矮圈足外侈。体表磨光，上腹饰弦纹，下腹饰以交错细绳纹。

大型罍　1976AXTH22：9

小屯西北地
殷墟二期晚段
高 33.5 厘米、口径 14.5 厘米、底径 14 厘米
泥质灰陶。高体。中领近直，折肩，弧腹，平底。肩部有两横耳相对，两耳
中间下到近底处有一横耳式鋬。肩上磨光，间饰弦纹，耳、鋬间饰中绳纹，鋬下素面。

小型罐 1976AXTH22：10

小屯西北地

殷墟二期晚段

高9.5厘米、口径7.5厘米、底径5.5厘米

泥质浅灰陶。矮体，小口，沿近立，折肩，斜腹，平底略凹。肩部饰以三周弦纹，腹部兼饰三角划纹，划纹由两条刻线组成，刻画粗糙。

器盖 1976AXTH22：11

小屯西北地

殷墟二期晚段

高9.5厘米、口径15.5厘米

泥质灰陶。盖顶面微弧，直壁，菌形钮，柱较低。体表磨光，盖顶面饰两道弦纹，中填双道三角划纹带、中填绳纹；壁面饰两道弦纹，间填三角划纹、中填绳纹。

1984AXTH102　出土陶器

前排（从左到右）：1.鬲（H102：18）　2.簋（H102：13）　3.盂（H102：7）
4.尊（H102：19）　5.尊（H102：3）

中排（从左到右）：1.深腹盆（H102：16）　2.尊（H102：2）　3.罐
（H102：20）　4.大型罍（H102：5）　5.罐（H102：9）

后排：1.罐（H102：10）

参考文献　中国社会科学院考古研究所：《安阳小屯》，世界图书出版公司，
2002。

鬲　1984AXTH102：18

小屯西北地

殷墟二期晚段

高21.3厘米、口径18.5厘米

夹砂灰褐陶。体高大于宽。短沿近折，
束颈，袋腹最宽处偏下，裆较低，锥足
较矮。袋腹饰绳纹较粗。

簋 1984AXTH102：13

小屯西北地
殷墟二期晚段
复原高约 16 厘米、口径 25.7 厘米
泥质灰褐陶。敞口，圆唇较厚，斜腹，圜底，圈足残。腹饰弦纹三周。

盂 1984AXTH102：7

小屯西北地
殷墟二期晚段
高 7.5 厘米、口径 12.2 厘米
泥质灰陶。口近敛，缘微内倾，弧腹，平底，圈足较矮。体表磨光，腹部与
圈足饰弦纹。

盘 1984AXTH102：15

小屯西北地
殷墟二期晚段
高 11.5 厘米、口径 37 厘米、圈足径 21.3 厘米
泥质浅灰陶。敞口，斜腹，盘底较大、平，圈足较高。体饰多道弦纹。

尊 1984AXTH102：2

小屯西北地
殷墟二期晚段
高 21.6 厘米、口径 28.5 厘米、圈足径 12.5 厘米
泥质灰陶。喇叭形口，高领，肩微折，腹微鼓，圈足较矮、下口外侈。腹饰
交错细绳纹，领下饰抹弦纹。

尊 1984AXTH102：3

小屯西北地
殷墟二期晚段
高 19 厘米、口径 25 厘米、圈足径 12 厘米
泥质浅黄陶。敞口，卷领，肩微折，弧腹，圜底，矮圈足、下口微外侈。体表磨光，肩、腹部饰弦纹。

尊 1984AXTH102：19

小屯西北地
殷墟二期晚段
高 18 厘米、口径 23.5 厘米、圈足径 12.8 厘米
泥质浅灰陶。敞口，束颈，折肩，弧腹，圜底，矮圈足。体表磨光，肩、腹部饰弦纹。

大型罍　1984AXTH102：5

小屯西北地
殷墟二期晚段
残高 29.2 厘米、残口径 13 厘米、底径 12.5 厘米
泥质灰陶，口部残。肩近圆，中腹较鼓，平底。肩部两个横耳相对，两耳间
下到近底有横鋬。肩部磨光、饰弦纹两周，腹饰交错绳纹、较细，间饰弦纹一周，
鋬以下素面。

罐　1984AXTH102：9

小屯西北地
殷墟二期晚段
高 30 厘米、口径 15.5 厘米、底径 13.2 厘米
泥质灰陶。口近直，沿较长、立，肩较高，鼓
腹，平底。体饰交错绳纹、较细，上腹饰弦纹两周，
腹部的陶拍拍打痕较明显。

罐 1984AXTH102：10

小屯西北地
殷墟二期晚段
高 23.3 厘米、口径 13.2 厘米、底径 10 厘米
泥质灰陶。小口，沿长而立，折肩，斜腹，
凹圜底。表饰绳纹较细、乱。

罐 1984AXTH102：20

小屯西北地
殷墟二期晚段
残高 24.7 厘米、口径 13.7 厘米
泥质灰陶。小口，卷领较立，
圆肩，鼓腹，底残。肩以下饰绳纹、
较细，间饰抹弦纹。

1985AXTH136　出土陶器

前排（从左到右）：1.深腹盆（H136：34）　2.簋（H136：7）　3.簋（H136：4）
后排（从左到右）：1.深腹盆（H136：30）　2.深腹盆（H136：29）　3.罐
（H136：15）　4.大型罍（H136：36）

参考文献　中国社会科学院考古研究所：《安阳小屯》，世界图书出版公司，
2002。

簋　1985AXTH136：4

小屯西北地
殷墟二期晚段
高 17.6 厘米、口径 25.3 厘米
泥质灰陶，体变形。敞口，扁唇，斜腹，
圆底，矮圈足较小、外侈。腹近底部有
绳纹痕迹，腹、圈足部饰弦纹。

簋 1985AXTH136：7

小屯西北地
殷墟二期晚段
残高 14.7 厘米、口径 24.5 厘米
泥质灰陶。敞口，扁唇，斜腹，圜底，
矮圈足较小、下部残。体表磨光。上腹有两
个相对的实心竖鼻,腹近底部有绳纹痕迹,腹、
圈足部饰弦纹。

罐 1985AXTH136：15

小屯西北地
殷墟二期晚段
高 28 厘米、口径 16.4 厘米、底径 12.2 厘米
泥质灰陶。沿直而立，圆肩较高，弧腹，平底。体饰以交错细绳纹、较疏，
表留有陶拍拍印浅窝，近底部绳纹被抹平。

大型罍　1985AXTH136：36

小屯西北地
殷墟二期晚段
高 30 厘米、口径 14 厘米、底径 14.8 厘米
泥质灰陶。高体。短领近直，斜肩，弧腹，平底。肩以上磨光，间饰以弦纹，上腹饰三角划纹、中填细绳纹，下腹局部磨光。

深腹盆　1985AXTH136：29

小屯西北地
殷墟二期晚段
高 22.6 厘米、口径 31 厘米、底径 13 厘米
泥质灰陶。侈口，沿面微凹，短领斜立，沿极短、外撇，上腹直，向下斜收，小平底。腹中部饰整齐的中绳纹，间饰抹弦纹，腹内有小麻点。

深腹盆 1985AXTH136：30

> 小屯西北地
> 殷墟二期晚段
> 高 24.7 厘米、口径 33.5 厘米
> 泥质灰陶。侈口，短领斜立，沿极短、外撇，上腹近直，向下弧收，小平底。

上、中腹饰整齐的中绳纹，间饰弦纹，近底部绳纹被抹去。

深腹盆 1985AXTH136：34

> 小屯西北地
> 殷墟二期晚段
> 高 19.2 厘米、口径 27.3 厘米、底径 12.7 厘米
> 泥质橙黄陶。侈口，短领斜立，沿极短、收为斜缘，弧腹，平底。体素

面，腹饰弦纹。

2003AXST2711（14）-（18）　出土陶器

　　前排（从左到右）：1.深腹盆（T2711（15）：10）　2.鬲（T2711（14）：5）
3.圆腹罐（T2711（18）：1）
　　后排（从左到右）：1.甑（T2711（14）：6）　2.深腹盆（T2711（15）：9）
3.深腹盆（T2711（14）：14）

　　说明：T2711（12）-（21）、T2811（13）-（20）、T2812（11）-（18）
各层实属一个大的取土坑的小层。

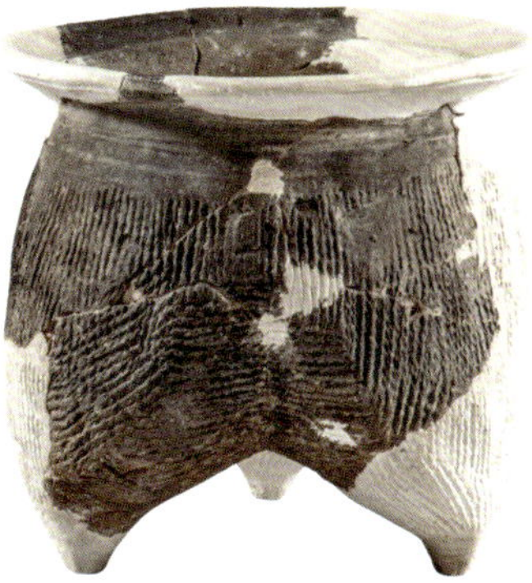

鬲 2003AXST2711（14）：5

孝民屯
殷墟二期晚段
残高 17.6 厘米、口径 21.4 厘米
夹砂灰褐陶。体高大于宽。侈口，沿面微凹，沿近折、近平，袋腹最宽处偏中，裆较低，足残。袋腹饰绳纹，整齐、较细。

甑 2003AXST2711（14）：6

孝民屯
殷墟二期晚段
高 26.3 厘米、口径 35.2 厘米、底径 14 厘米
泥质灰陶。侈口，口内凹槽较深。斜领，斜腹，凹圜底。上腹饰两道弦纹。

深腹盆 2003AXST2711（14）：14

孝民屯
殷墟二期晚段
高 27.2 厘米、口径 30.2 厘米、底 12.8 厘米
泥质灰陶。侈口，斜折领，折沿极短，弧腹，底近平。上、中腹饰绳纹，下部被刮去。

深腹盆 2003AXST2711（15）：9

孝民屯
殷墟二期晚段
高 22 厘米、最大口径 26.8 厘米、底径 11.2 厘米
泥质深灰陶。侈口，斜折领，折沿极短，弧腹，底近平。中腹饰绳纹，上端饰弦纹。

深腹盆　2003AXST2711（15）：10

孝民屯
殷墟二期晚段
高 21.6 厘米、口径 27.2 厘米、底径 12 厘米
泥质灰陶。侈口，斜折沿，腹近斜，平底。腹饰绳纹，间饰抹弦纹。

圆腹罐　2003AXST2711（18）：1

孝民屯
殷墟二期晚段
高 21.4 厘米、口径 15.8 厘米
泥质灰陶。卷领较短，圆腹，圜底。
腹饰交错绳纹，较细。

2003AXST2811（14）-（15）　出土陶器（部分）

　　前排（从左到右）：1.鬲（2003AXST2811（14）：13）　2.鬲（2003AXST2811（14）：6）

　　后排（从左到右）：1.甑（2003AXST2811（14）：15）　2.红陶罐（2003AXST2811（15）：2）

　　说明：T2711（12）-（21）、T2811（13）-（20）、T2812（11）-（18）各层实属一个大的取土坑的小层。

鬲　2003AXST2811（14）：6

孝民屯
殷墟二期晚段
高 19.4 厘米、口径 21 厘米
夹砂灰褐陶。体高略大于宽。
侈口，沿近折，袋腹最宽处偏中，
裆较低，锥足较矮。袋腹部饰粗绳纹。

鬲　2003AXST2811（14）：13

孝民屯
殷墟二期晚段
高 17.5 厘米、口径 21.4 厘米
夹砂灰陶。方体。侈口，沿近折，
袋腹最宽处偏中，裆较低，实足较矮。
腹饰粗绳纹，较深。

瓿　2003AXST2811（14）：15

孝民屯
殷墟二期晚段
高 27.2 厘米、口径 36.2 厘米、底径 14.6 厘米
泥质灰陶。侈口，口内凹槽较深。斜领，斜腹，凹圜底。上腹饰两道弦纹。

红陶罐　2003AXST2811（15）：2

孝民屯
殷墟二期晚段
高 31.6 厘米、口径 14.8 厘米、底径
10.4 厘米
泥质红陶。领较短、近直，鼓腹，
平凹圜底，较小。体饰绳纹、较粗，上
腹饰抹弦纹两道。

2003AXST2812（11）-（16） 出土陶器

前排（从左到右）：1.鬲（T2812（15）:2）　2.瓿（T2812（14）:4）

后排（从左到右）：1.鬲（T2812（11）:1）　2.鬲（T2812（12）:1）　3.罐（T2812（16）:6）

说明：T2711（12）-（21）、T2811（13）-（20）、T2812（11）-（18）各层实属一个大的取土坑的小层。

鬲　2003AXST2812（11）：1

孝民屯
殷墟二期晚段
高 21.2 厘米、口径 20.6 厘米
夹砂灰陶。体高略大于宽。侈口，
沿面微凹，斜沿近折、近平，袋腹最
宽处偏中，裆较低，实足较矮。袋腹
部饰粗绳纹、整齐。

鬲　2003AXST2812（12）：1

孝民屯
殷墟二期晚段
高 20.4 厘米、口径 21 厘米
夹砂灰陶。体高略大于宽。侈口，沿
面微凹，斜沿近折、近平，袋腹最宽处偏
中，裆较低，实足较矮。袋腹部饰粗绳纹、
整齐。

鬲　2003AXST2812（15）：2

孝民屯
殷墟二期晚段
高 12.7 厘米、口径 15.8 厘米
夹砂深灰陶。体较小、近扁。侈口，沿
近折、近平，束颈，袋腹最宽处偏中，矮裆，
实足矮小。袋腹部饰中绳纹。

瓿　2003AXST2812（14）：4

孝民屯
殷墟二期晚段
残高 16.6 厘米、口径 13.4 厘米
泥质灰褐陶。圆唇。侈口，折沿短、近平，束颈，折肩，腹近直，圈足残。
体表磨光，肩下饰三角划纹，肩、腹饰数道弦纹。

罐　2003AXST2812（16）：6

孝民屯
殷墟二期晚段
高 32.5 厘米、口径 18.8 厘米、底径 16.3 厘米
　泥质灰陶。口部变形。侈口，领较短、近直，中腹较鼓，平底。腹饰绳纹，
间饰斜绳纹带，中腹饰三道弦纹。

鬲　1961APNM111：1

苗圃北地
殷墟二期晚段
高 20.7 厘米、口径 19.3 厘米
　瓮棺葬具。夹砂灰陶。体高大于宽。
侈口，沿面微凹，斜折沿，袋腹最宽处偏下，
裆较低，锥足较矮。腹饰中绳纹。

高体圜底瓮　1962ASM15：1

豫北纱厂
殷墟二期晚段
高 60.5 厘米、口径 29.6 厘米
　泥质灰陶。高体。立领较短，肩高、微弧，深腹，腹最大径偏下，圜底。体饰中绳纹，肩部饰附加堆纹一道。

1966ASM298　出土陶器

前排（从左到右）：1.豆（M298：1）　2.爵（M298：4）

后排（从左到右）：1.中型罍（M298：3）　2.簋（M298：2）　3.瓠（M298：5）

觚　1966ASM298：5

大司空
殷墟二期晚段
高 20.2 厘米、口径 12.2 厘米、底径 8.3
厘米
　泥质灰陶。体较高，喇叭形口明显外敞，
腹较细、直，圈足较矮、下口出沿。腹、圈
足相接处饰弦纹。

爵　1966ASM298：4

大司空
殷墟二期晚段
高 11.1 厘米、口径 8.4 厘米
　泥质浅灰陶。上部为杯形、较粗，束腰明显，圜底，
下接三锥足、较矮。有流无尾。杯口内挤而成短流，
流、口相接处的口边贴纵向短泥条。杯部接纵向鋬，
中腹饰弦纹。

豆　1966ASM298：1

大司空
殷墟二期晚段
高 10.7 厘米、口径 16 厘米、底径 9.5 厘米
泥质浅灰陶。盘口小，唇扁圆、外倾，腹较深，
盘壁弧收，下接圈足、较高，下口外侈。

簋　1966ASM298：2

大司空
殷墟二期晚段
高 15.6 厘米、口径 23.4 厘米、圈足径 11 厘米
泥质浅灰陶。敞口，斜领较高，束颈，鼓腹，圈足较矮、下口外侈。

中型罍　1966ASM298：3

大司空
殷墟二期晚段
高 30.2 厘米、口径 13.4 厘米、底径 14 厘米
泥质灰陶。中领近直，斜肩较高，斜腹，平底。肩部有两个横耳相对，耳间下及近腹底有一横錾。肩部饰弦纹，上腹饰交错绳纹，上、下边饰弦纹。

人面饰器盖　1971AHGM5：6

后冈
殷墟二期晚段
通高 10.7 厘米、口径 10.9 厘米
泥质灰陶。为壶的盖。正面呈半圆形，顶接卧鸟形握手，周壁有四个人面浮雕、两两相对。

硬陶瓿 1976AWBM229：4

武官北地
殷墟二期晚段
高 23.5 厘米、底径 24.4 厘米
灰白色。胎薄。领短而立，折肩窄而
平，鼓腹、较深，圈足较高、下部外侈。盖
较深，弧面，顶接握手，喇叭口外敞。肩下
缘两组纵向贯耳相对，肩下边、盖面饰指甲
纹戳印一圈，上下饰弦纹。此型硬陶瓿多见
于以岳阳市费家河遗址为代表的湘江下游青
铜文化。

硬陶瓿 1976AWBM229：5

武官北地
殷墟二期晚段
高 20.7 厘米、口径 14.4 厘米、底径
17.1 厘米
灰白色。胎薄。领短立，折肩窄而平，
鼓腹、较深，圈足较高、下部外出沿。盖
较深，弧面，顶接握手，喇叭口外敞。肩
下缘两组纵向贯耳相对，肩下边、盖面饰
指甲纹戳印一圈，上下饰弦纹。此型硬陶
瓿多见于以岳阳市费家河遗址为代表的湘
江下游青铜文化。

1978AGZM583　出土陶器

从左到右：1.鬲（M583：2）　2.爵（M583：1）　3.觚（M583：3）

鬲　1978AGZM583：2

安钢

殷墟二期晚段

高 13.1 厘米、口径 15.6 厘米

　　夹砂灰陶。体略扁。侈口，斜折沿，束颈明显、下出肩，袋腹最宽处偏中，裆较低，锥足较矮。颈下边饰附加堆纹，肩部素面，腹饰绳纹、较细。

觚　1978AGZM583：3

安钢

殷墟二期晚段

高 19.3 厘米、口径 14.6 厘米、底径 7.6 厘米

泥质灰陶。体较高，喇叭形口明显外敞，腹较细、直，圈足较高、下口出沿。腹、圈足相接处微凸，上下两侧饰弦纹。

爵　1978AGZM583：1

安钢

殷墟二期晚段

高 13.3 厘米、口径 7.8 厘米

泥质浅灰陶。上部为杯形、较细，中腹明显收束，圜底，下接三锥足、较矮。杯口内挤而成短流。杯部接纵向鋬，中腹饰弦纹。

1983AGZM2713　出土陶器

从左到右：1.簋（M2713：3）　2.爵（M2713：2）　3.觚（M2713：1）
此墓（未发表）还随葬铜铃 1、铜镞 3、玉鱼 1。

簋　1983AGZM2713：3

安钢
殷墟二期晚段
高 16 厘米、口径 23 厘米、圈足径
10.5 厘米
泥质灰陶。口较大、近敞，厚唇较宽、
缘外倾，腹向下斜收，圈足较粗且较矮、
下口外侈。体饰弦纹，中腹饰三角划纹。

觚　1983AGZM2713：1

安钢
殷墟二期晚段
高 20.4 厘米、口径 14.4 厘米、底径 7.8 厘米
泥质灰陶。体较高，喇叭形口明显外敞，腹
较细、直，圈足较高、下口明显外侈。体表磨光，
腹、圈足相接处饰弦纹。

爵　1983AGZM2713：2

安钢
殷墟二期晚段
高 13.2 厘米、口径 9.6 厘米
泥质浅灰陶。上部为杯形、较细，中腹
偏下明显收束，圜底，下接三锥足、较矮。
杯口内挤而成短流。杯部接纵向鋬，中腹偏
下饰弦纹。

1983ASM663　出土陶器（部分）

　　前排（从左到右）：1. 豆（M663：7）　2. 盂（M663：6）
　　后排（从左到右）：1. 中型罍（M663：10）　2. 簋（M663：11）　3. 筒
形卣（M663：56）
　　此墓还随葬盂 5 以及青铜器、石器等。

　　参考文献　中国社会科学院考古研究所安阳工作队：《安阳大司空村东南的
一座殷墓》，《考古》1988 年第 10 期。

簋 1983ASM663：11

小屯
殷墟二期晚段
高 15.7 厘米、口径 24.2 厘米、圈足径 10.4 厘米
泥质灰陶。口较大、近敞，厚唇较圆、微外倾，腹较斜、近底内收，圈足较矮、微外侈。体饰弦纹，中腹饰三角划纹。

豆 1983ASM663：7

小屯
殷墟二期晚段
高 12.1 厘米、口径 16.8 厘米、圈足径 9.3 厘米
泥质浅灰陶。盘较浅，直口、平缘，盘壁弧收，下接筒形高圈足、较细。圈足中部有一刻画符号。

盂　1983ASM663：6

小屯
殷墟二期晚段
高8.4厘米、口径12.9厘米、圈足径8.9厘米
泥质灰陶。口近敛，窄缘内倾，上腹直，向下
折而急收，圈足较高、下口外侈。上腹饰弦纹。

中型罍　1983ASM663：10

小屯
殷墟二期晚段
高30.7厘米、口径12.2厘米、底径12.5厘米
泥质灰陶。中领直，斜肩较高，斜腹，平底。肩上有两个相对的横耳，耳间
下及近腹底有一横鋬。肩部及下边缘饰三组弦纹，耳、鋬间饰交错中绳纹，间饰
抹弦纹。

筒形卣　1983ASM663：56

小屯

殷墟二期晚段

通高 36.7 厘米、器高 29.1 厘米、器口径 12.6 厘米、器底径 12.3 厘米；盖高
11.3 厘米、盖底径 15.5 厘米

泥质灰陶，沙褐色。短领近直，肩近平、窄，深腹近直，下腹弧收，圈足较矮、
微外卷。盖较深，顶面微弧起，折而向下为侧壁、较高。上、中腹饰两组菱形刻画纹、
中填细绳纹，下腹及盖面饰三角划纹，中填细绳纹。

1984APNM105　出土陶器

从左到右：1.豆（M105：4）　2.簋（M105：3）
此墓葬还随葬铜觚1、铜爵1、石铲1以及贝1、蚌片1。

参考文献　中国社会科学院考古研究所安阳队：《1984年秋安阳苗圃北地殷墓发掘简报》，《考古》1989年第2期。

簋　1984APNM105：3

苗圃北地
殷墟二期晚段
高15厘米、口径23.5厘米、圈足径10厘米
泥质灰陶。敞口、厚唇较圆、微外倾，腹较斜、近底内收，圈足较矮、微外侈。体饰弦纹。

豆　1984APNM105∶4

苗圃北地

殷墟二期晚段

高 11.6 厘米、口径 16.2 厘米、底径 8.8 厘米

　　泥质浅灰陶。盘较深，口近敛，唇厚、外倾，盘上壁较斜，折而向下斜收，下接圈足，偏上部收束，下端明显外卷。

1988ALNM121　出土陶器（部分）

　　从左到右：1. 簋（M121∶5）　2. 豆（M121∶6）　3. 爵（M121∶1）　4. 觚（M121∶4）

　　此墓还随葬有陶埙 4、铜戈 1、贝 2、蚌片 1。

　　参考文献　中国社会科学院考古研究所安阳工作队：《河南安阳殷墟刘家庄北地殷墓与西周墓》，《考古》2005 年第 1 期。

簋 1988ALNM121：5

刘家庄北地

殷墟二期晚段

高 17.3 厘米、口径 24.5 厘米、圈足径 12.9 厘米

泥质灰陶。口较大，敞口，厚唇较圆、缘外倾，腹较斜、近底内收，圈足较粗且矮、下口外侈。体饰弦纹。

觚 1988ALNM121：4

刘家庄北地

殷墟二期晚段

高 17.8 厘米、口径 14.2 厘米、底径 8.2 厘米

泥质灰陶。体较矮，喇叭形口明显外敞，腹较粗、直，圈足较低、下口明显外侈。体粗磨，腹、圈足相接处饰弦纹。

爵 1988ALNM121：1

　　刘家庄北地
　　殷墟二期晚段
　　高 11.5 厘米、口径 10.3 厘米
　　泥质浅灰陶。上部为杯形，且较矮，中腹明显收束，圜底，下接三锥足、较矮。杯口内挤而成短流。杯部接纵向鋬。

豆 1988ALNM121：6

　　刘家庄北地
　　殷墟二期晚段
　　高 13.3 厘米、口径 15.5 厘米、圈足径 9.5 厘米
　　泥质灰陶。盘较深，口近敛，唇厚，盘壁弧，下接圈足、较高，偏上部收束，下端明显外卷。体饰弦纹。

硬陶瓿　1989ALNM254：7

刘家庄北地

殷墟二期晚段

高 39 厘米、口径 35.4 厘米、底径 38.8 厘米

灰色。胎薄。领短而立，折肩窄、较斜，深腹、较直，下端微收，圈足高、下口外侈。肩下三组横向刻线，间填水波纹；其上接四个纵向耳，两两相对。近底及圈足上部饰小方格纹。此型硬陶瓿多见于以岳阳市费家河遗址为代表的湘江下游青铜文化。

2000HDM54　出土陶器（部分）

　　前排（从左到右）：1.中型罍（M54：193）　2.中型罍（M54：162）　3.中型罍（M54：161）　4.豆（M54：019）　5.中型罍（M54：186）　6.中型罍（M54：196）　7.中型罍（M54：164）

　　中排（从左到右）：1.鬲（M54：08）　2.簋（M54：018）　3.中型罍（M54：189）4.中型罍（M54：185）　5.中型罍（M54：182）　6.中型罍（M54：188）　7.中型罍（M54：037）

　　后排（从左到右）：1.缸（M54：238）　2.大型罍（M54：031）　3.大型罍（M54：032）　4.大型罍（M54：030）　5.大型罍（M54：033）　6.大型罍（M54：039）

　　此墓随葬品，除上述器物外，还有陶甗1、爵1以及青铜、玉和石、象牙、竹器等。

　　参考文献　中国社会科学院考古研究所：《安阳殷墟花园庄东地商代墓葬》，科学出版社，2007。

鬲 2000HDM54：08

花园庄东地
殷墟二期晚段
高 19.6 厘米、口径 18.1 厘米
　　夹砂浅灰陶，体高略大于宽。侈口，折沿斜立，沿面微凹，束颈较宽，袋腹最宽处偏中，矮裆，锥足较矮。袋腹饰粗绳纹。

簋 2000HDM54：018

花园庄东地
殷墟二期晚段
高 16.5 厘米、口径 25.3 厘米、圈足径 13.9 厘米
　　泥质灰陶。口较大、近敛，扁唇较宽、缘外倾，腹较斜、近底内收，圈足较粗且矮、下口外侈。体饰弦纹。

大型罍　2000HDM54：029

花园庄东地

殷墟二期晚段

通高 30 厘米、口径 13.9 厘米、底径 14.6 厘米

泥质灰陶。中领微外侈，斜肩较高，腹近斜，平底。肩部有两个横耳相对，耳间下及近腹底有一横鋬。肩部略经磨光，肩下边饰弦纹，腹上部弦纹，鋬间饰三角划纹，角朝上的三角内绳纹被抹去。

大型罍　2000HDM54：030

花园庄东地

殷墟二期晚段

通高 33 厘米、口径 13 厘米、底径 15.1 厘米

泥质灰陶。中领微外侈，斜肩较高，腹近斜，平底。肩部有两个横耳相对，耳间下及近腹底有一横鋬。肩部略经磨光，肩部下边饰弦纹，腹部弦、鋬间饰三角划纹，角朝上的三角内绳纹被抹去。

大型罍　2000HDM54：031

花园庄东地
殷墟二期晚段
高 34.8 厘米、口径 13.9 厘米、底径
14.7 厘米
泥质灰陶。中领微外侈，斜肩较高，
腹近斜，平底。肩部有两个横耳相对，耳
间下及近腹底有一横鋬。肩部略经磨光，
肩部肩下边饰弦纹，腹部弦、鋬间饰三角
划纹，角朝上的三角内绳纹被抹去。

大型罍　2000HDM54：032

花园庄东地
殷墟二期晚段
高 35.7 厘米、口径 13.6 厘米、底径
14.8 厘米
泥质灰陶。中领微外侈，斜肩较高，
腹近斜，平底。肩部有两个横耳相对，耳
间下及近腹底有一横鋬。肩部略经磨光，
肩下边饰弦纹，腹部饰弦纹，鋬间饰三角
划纹，角朝上的三角内绳纹被抹去。

大型罍　2000HDM54：033

花园庄东地

殷墟二期晚段

高 35 厘米、口径 13.4 厘米、底径 14.6 厘米

泥质灰陶。中领微外侈，斜肩较高，腹近斜，平底。肩部有两个横耳相对，耳间下及近腹底有一横鋬。肩部略经磨光，肩下边饰弦纹，腹部饰弦纹，鋬间饰三角划纹，角朝上的三角内绳纹被抹去。

中型罍　2000HDM54：039

花园庄东地

殷墟二期晚段

高 22.8 厘米、口径 10.1 厘米、底径 10.1 厘米

泥质灰陶。领较短，直立，斜肩，肩部较高，弧腹，平底。肩部接两个桥形耳。体粗磨，上腹饰弦纹。

中型罍　2000HDM54：161

花园庄东地
殷墟二期晚段
通高22.3厘米、器身高18.4厘米、器身口径8.6厘米、底径8.2厘米；器盖高6.8厘米、器盖口径11.1厘米
泥质灰陶。领较短，直立，斜肩，肩部较高，弧腹，平底。肩部接两个桥形耳。体粗磨，肩部饰弦纹，上腹饰大三角划纹，下腹素面。

中型罍　2000HDM54：164

花园庄东地
殷墟二期晚段
通高23.2厘米、器身高18.7厘米、器身口径8.1厘米、底径8.3厘米、器盖高7.7厘米、器盖口径11.3厘米
泥质灰陶。领较短，直立，斜肩，肩部较高，弧腹，平底。肩部接两个桥形耳。体粗磨，肩部饰弦纹，上腹饰大三角划纹，下腹素面。

中型罍　2000HDM54：185

花园庄东地
殷墟二期晚段
通高 21.8 厘米、器身高 18.2 厘米、器身口径 8.4 厘米、底径 8.1 厘米、
器盖高 8.1 厘米、器盖口径 10.1 厘米
泥质灰陶。领较短，直立，斜肩，肩部较高，弧腹，平底。肩部接两个桥形耳。
体粗磨，肩部饰弦纹，上腹饰大三角划纹，下腹素面。

中型罍　2000HDM54：189

花园庄东地
殷墟二期晚段
通高 22.1 厘米、器身高 18.4 厘米、器身口径 8.4 厘米、底径 8.3 厘米、器
盖高 6.4 厘米、器盖口径 10.3 厘米、
泥质灰陶。领较短，直立，斜肩，肩部较高，弧腹，平底。肩部接两个桥形耳。
体粗磨，肩部饰弦纹，上腹饰大三角划纹，下腹素面。

中型罍　2000HDM54：193

花园庄东地

殷墟二期晚段

通高22.7厘米、器身高18.1厘米、器身口径9厘米、底径8.5厘米；器盖高6.6厘米、器盖口径11.3厘米

泥质灰陶。领较短，直立，斜肩，肩部较高，弧腹，平底。肩部接两个桥形耳。体粗磨，肩部饰弦纹，上腹饰大三角划纹，下腹素面。

中型罍　2000HDM54：162

花园庄东地

殷墟二期晚段

通高22.4厘米、口径8.7厘米、底径8.6厘米

泥质灰陶。领较短，直立，斜肩，肩部较高，弧腹，平底。肩部接两个桥形耳。体粗磨，肩部饰弦纹，上腹饰网格划纹，下腹素面。

中型罍　2000HDM54：186

花园庄东地

殷墟二期晚段

通高 22.7 厘米、口径 8.9 厘米、底径 6.3 厘米

泥质灰陶。领较短，直立，斜肩，肩部较高，弧腹，平底。肩部接两个桥形耳。体饰多组弦纹。

中型罍　2000HDM54：196

花园庄东地

殷墟二期晚段

通高 22.3 厘米、器身高 17.4 厘米、器身口径 9.1 厘米、底径 6.6 厘米；器盖高 6.4 厘米、器盖口径 10.7 厘米

泥质灰陶。领较短，直立，斜肩，肩部较高，弧腹，平底。肩部接两个桥形耳。体饰多组弦纹。

中型罍　2000HDM54：182

花园庄东地

殷墟二期晚段

通高 21.8 厘米、器身高 17.3 厘米、器身口径 9.1 厘米、底径 5.8 厘米、
器盖高 7.3 厘米、器盖口径 11.5 厘米、

泥质灰陶。领较短，直立，斜肩，肩部较高，弧腹，平底。肩部接两个桥形耳。
体饰多组弦纹。

中型罍　2000HDM54：188

花园庄东地

殷墟二期晚段

通高 22 厘米、器身高 18.6 厘米、器身口径 8.9 厘米、底径 6.9 厘米、器盖高
6.2 厘米、器盖口径 10.9 厘米

泥质灰陶。领较短，直立，斜肩，肩部较高，弧腹，平底。肩部接两个桥形耳。
体饰多组弦纹。

缸 2000HDM54：238

花园庄东地
殷墟二期晚段
高 29.8 厘米、口径 30.1 厘米、底径 4.8 厘米
泥质浅橙黄陶。敞口较大，上腹较深、壁斜直，下腹曲收、变细，呈杯形，小平底。
口到上腹的壁薄，下腹到底部壁厚。上腹饰方格纹，下腹饰绳纹。

殷墟 三期

殷墟三期

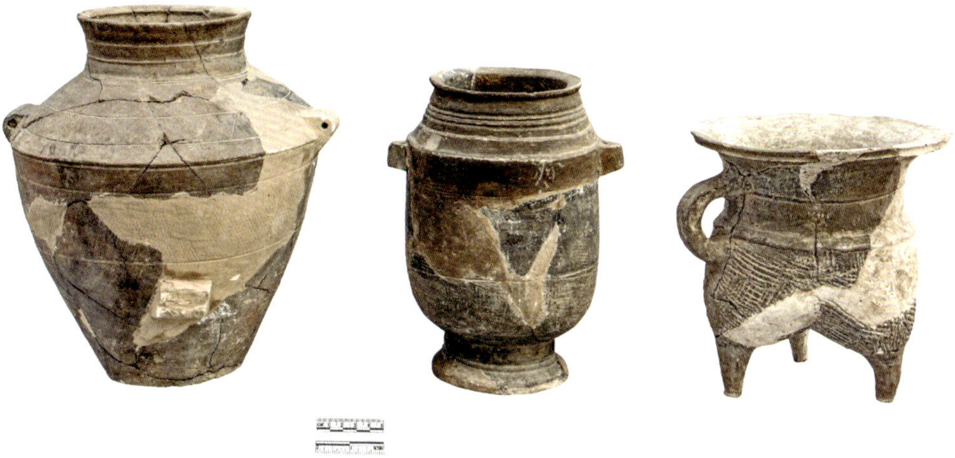

1960VAT1 ③-③A 出土陶器

从左到右：1.大型罍（T1③：24） 2.筒形卣（T1③A：31） 3.斝（T1③：23）

参考文献 中国社会科学院考古研究所：《殷墟发掘报告（1958~1961）》，文物出版社，1987。

鬲 1960VAT1 ③：23

孝民屯
殷墟三期
高 21.2 厘米、口径 22 厘米
　夹砂灰陶。敞口，卷领，束颈，袋腹最宽
处偏中，裆较低，实足近柱形、较高。颈、袋
腹间接一纵向耳。领、颈部素面，袋腹部饰交
错细绳纹、较疏。

大型罍 1960VAT1 ③：24

孝民屯
殷墟三期
高 32 厘米、口径 15 厘米
　泥质灰陶，局部橙黄色。高体。
中领近直，口缘部内倾，折肩、肩斜，
斜腹，平底。肩部有横耳，腹近底处
一鋬缺失。肩上磨光，间饰弦纹，中
填三角细绳纹；腹上部饰细绳纹，上
下边饰弦纹；鋬下素面。

筒形卣　1960VAT1③A：31

孝民屯
殷墟三期
高 26.5 厘米、圈足径 13.2 厘米
　泥质灰陶。侈口，短沿，斜肩，腹直、深，矮圈足、下口外侈。肩下两侧有一对贯耳相对，圈足与耳对应处有小孔。肩部饰弦纹，上腹饰三角形划纹，下腹饰疏而浅的绳纹。

深腹盆　1964APNF1：2

苗圃北地
殷墟三期
高 25 厘米、口径 34.1 厘米
　泥质红陶。侈口，折沿，上腹直，平底较小。腹饰斜绳纹。

鬲　1966AST305⑤B：1

豫北纱厂
殷墟三期
高 18.7 厘米、口径 9.7 厘米
或为斝、盉。
　　夹沙红褐陶。领较高、直，袋腹中部折而成肩，裆较低，锥足较高。袋腹部饰较粗的绳纹，较浅。此型器物多见于山东南部，如滕州前掌大商周墓地。

鬲　1966AST305H9②：1

豫北纱厂
殷墟三期
残高 12.5 厘米、口径 17 厘米
　　夹沙灰褐陶。体近扁。侈口，斜沿近折，袋腹两侧较直，矮裆，矮足残。袋腹饰粗绳纹。

高体圜底瓮　1972ASTT31 ③

小屯西地
殷墟三期
高 72.5 厘米、口径 33.3 厘米
　　泥质灰陶，肩部橙红色。高体。直口，直领较高，深腹微鼓，圜底。领以下饰细绳纹，间饰多道弦纹，肩、腹相接部饰一道附加堆纹。

鬲 1973ASNH32∶1

小屯南地
殷墟三期
残高 13.2 厘米、口径 16.2 厘米
夹砂黑褐陶,足为红褐色。体近扁。斜沿近折,袋腹部中微折,弧裆矮,柱足残、较高。袋腹上部饰多道细密的弦纹,下部饰细绳纹。此型鬲多见于湖北东部以蕲春县毛家咀遗址为代表的商代文化。

硬陶瓿 1973ASNT46③A∶3

小屯南地
殷墟三期
高 15 厘米、口径 19.5 厘米、圈足径 1.2 厘米
灰色,胎薄。短立领,折肩窄、近平,腹较深、壁向下弧收,高圈足、下部外侈。肩下缘有两个对称的纵向贯耳。此型硬陶瓿多见于以岳阳市费家河为代表的湘江下游青铜文化。

1985AXTH111 出土陶器

前排（从左到右）：1.簋（H111：8） 2.簋（H111：7）

后排（从左到右）：1.筒形卣（H111：5） 2.簋（H111：11） 3.簋（H111：14）

参考文献 中国社会科学院考古研究所：《安阳小屯》，世界图书出版公司，2002。

簋 1985AXTH111：7

小屯西北地

殷墟三期

高 16.3 厘米、口径 21 厘米

泥质灰陶。侈口，折沿极短，沿面向外下倾，斜腹，圜底，圈足矮、较粗。腹上部饰弦纹三周，下部饰弦纹两周。体表磨光，腹近底留有绳纹痕迹。

簋　1985AXTH111：8

小屯西北地

殷墟三期

高 14.1 厘米、口径 20.7 厘米、圈足径 11.9 厘米

泥质灰陶。侈口，扁圆唇，唇部中间微凸起棱，斜腹，圆底，矮圈足残。体表磨光。

簋　1985AXTH111：11

小屯西北地

殷墟三期

残高 14 厘米、口径 27 厘米。

泥质灰陶。侈口，厚唇，斜腹，圆底，圈足残。腹饰上、下双排三角划纹、中填细绳纹，三角划纹上小下大；上层三角划纹间贴三个形似牛头形的兽头。

簋　1985AXTH111：14

小屯西北地
殷墟三期
残高 19.2 厘米、口径 37.5 厘米
体较大。泥质灰陶。侈口，厚唇，斜腹，
圆底，圈足残。上腹部饰小三角划纹、中
填细绳纹，下腹饰菱形划纹及三角纹，内
填细绳纹。上层三角划纹间贴牛头形兽头。

筒形卣　1985AXTH111：5

小屯西北地
殷墟三期
高 29 厘米、口径 13.4 厘米。
泥质灰陶。体近椭圆形，制作精致。
小口，折沿短而平，高颈，窄肩，筒腹，
圆底，圈足较高，下口出沿。肩下两个
贯耳相对，颈、肩、下腹、圈足部饰弦纹，
上腹饰三角划纹、中填绳纹。

鬲 2003AXSH7：18

孝民屯
殷墟三期
高 17.4 厘米、口径 17.2 厘米
　　夹砂灰褐色，袋足部分局部呈红褐色，红褐色胎、厚。体高大于宽。侈口，
短折沿，宽方唇，袋腹最宽处偏下，裆较低，锥足较矮。袋腹部饰较粗的绳纹，
浅而整齐。此型鬲多见于以菏泽市安邱堌堆遗址为代表的山东西南部晚商文化。

鬲 2003AXSH20：2

孝民屯
殷墟三期
高 13.7 厘米、口径 16.4 厘米
　　夹砂灰褐陶。高卷领，束颈，袋腹最宽处偏中，裆较低，锥足较高。此型鬲
初见于殷墟外，还常见于以罗山县天湖晚商墓地为代表的豫南地区晚商文化。

2003AXSH36　出土陶器

从左到右：1.瓿（H36：8）　2.鬲（H36：6）　3.鬲（H36：1）

鬲 2003AXSH36：1

孝民屯
殷墟三期
高 22.8 厘米、口径 20.3 厘米
　　夹砂灰褐陶，柱足为红褐色，器内红褐色。
高体。侈口，卷沿，袋腹深，裆较低，柱足较高。
颈部绳纹抹去，上腹饰三道凹弦纹，绳纹较
细、浅。此标本虽出土于三期，但裆高、足高，
形态更似一期者。此型鬲形态特殊。

鬲　2003AXSH36：6

孝民屯
殷墟三期
高 11.8 厘米、口径 14.8 厘米
夹砂灰陶，体表呈灰黑色。扁体。折沿较
短、平，束颈，袋腹最宽处偏中，矮裆，矮足。
袋腹饰细绳纹，较整齐。

瓿　2003AXSH36：8

孝民屯
殷墟三期
残高 29.6 厘米、口径 40.9 厘米
夹砂红陶。敛口，方唇折肩窄，深腹近直。圈足残。体素面。

2003AXSH202　出土陶器

　　前排（从左到右）：1.深腹盆（H202∶52）　2.鬲（H202∶11）　3.鬲（H202∶17）
4.小型鬲（H202∶64）　5.罐（H202∶13）　6.盂（H202∶46）　7.浅腹盆（H202∶60）
8.钵（H202∶49）
　　中排（从左到右）：1.深腹盆（H202∶53）　2.深腹盆（H202∶42）　3.深腹盆（H202∶31）
4.罐（H202∶54）　5.罐（H202∶55）　6.罐（H202∶56）　7.尊（H202∶40）
　　后排（从左到右）：1.大型鬲（H202∶47）　2.大型鬲（H202∶68）　3.深腹盆（H202∶59）
4.深腹盆（H202∶63）　5.甑（H202∶65）　6.罐（H202∶58）

大型鬲　2003AXSH202：68

孝民屯
殷墟三期
高 26.2 厘米、口径 31.2 厘米
夹砂浅灰陶。体大。体高略小于宽。侈口，折沿近平，沿面有凹槽，束颈，
袋腹最宽处偏中，低裆，实足极矮。袋腹饰粗绳纹，整齐。

鬲　2003AXSH202：11

孝民屯
殷墟三期
高 16.3 厘米、口径 20.8 厘米
夹砂灰褐陶。体近扁。侈口，沿面微
凹，折沿近平，束颈，袋腹最宽处偏中，
矮裆，矮足。体饰粗绳纹，较深。

小型鬲　2003AXSH202∶64

孝民屯
殷墟三期
高 9.5 厘米、口径 10 厘米
泥质深灰陶。侈口，折沿近平，袋腹
上部较鼓，弧裆矮，足较矮。体表磨光。

鬲　2003AXSH202∶47

孝民屯
殷墟三期
高 32 厘米、口径 32.8 厘米
夹砂红褐陶，胎厚。体较大高。宽折沿，束颈较高，柱状足较高。袋腹饰粗绳纹，
较散乱，沿面有两道宽而浅的凹槽，颈部饰数道弦纹。此型鬲形制特殊。

鬲　2003AXSH202：17

孝民屯
殷墟三期
残高 18.9 厘米、口径 19.4 厘米
夹砂灰褐陶。体高大于宽。折沿近平，
束颈较长，裆较低，足残。沿面有多道弦纹，
颈部经慢轮修整痕迹明显，腹饰粗绳纹，浅。
此型鬲形制特殊。

甑　2003AXSH202：65

孝民屯
殷墟三期
高 27 厘米、口径 36.2 厘米、底径 13.7 厘米
泥质灰陶。侈口，领斜立，折沿极短、外撇，斜腹，凹圜底。体素面，底部
有三个扇形孔。

盂 2003AXSH202：46

孝民屯
殷墟三期
高 5.4 厘米、口径 7.1 厘米、足径 5.3 厘米
泥质深灰陶。口近敛，鼓腹，矮圈足。体表磨光，上腹饰弦纹较宽。

钵 2003AXSH202：49

孝民屯
殷墟三期
高 10.4 厘米、口径 12.5 厘米、底径 7.1 厘米
泥质灰陶。敛口，鼓腹，平底。体表磨光。

尊　2003AXSH202：40

孝民屯
殷墟三期
高 27 厘米、口径 23 厘米、足径 13.6 厘米
泥质深灰陶。筒形。卷领，腹直而深，领、腹界限不明显，圈足较高、下口外侈。通体表磨光，体饰多道凸弦纹。

深腹盆　2003AXSH202：42

孝民屯
殷墟三期
高 18.8 厘米、口径 25.4 厘米、底径 9.9 厘米
泥质深灰陶。侈口，领斜立，折沿极短、平，斜腹，平底、中部微凸。体素面。

深腹盆　2003AXSH202：53

孝民屯
殷墟三期
高 19 厘米、口径 25.2 厘米、底径 9.8 厘米
泥深灰陶。侈口，领斜立，折沿极短，唇部有宽而浅的凹槽，斜腹，凹圜底。体素面。

深腹盆　2003AXSH202：59

孝民屯
殷墟三期
高 24.3 厘米、口径 35 厘米、底径 14.3 厘米
泥质灰陶。侈口，领斜立、较高，折沿极短、平，斜腹，凹圜底。中腹饰绳纹，间饰弦纹。

深腹盆　2003AXSH202：31

孝民屯
殷墟三期
高 17.6 厘米、口径 25 厘米、
底径 11 厘米
泥质灰陶。侈口，领斜立，斜腹，
平底、中部微凸。体素面。

深腹盆　2003AXSH202：63

孝民屯
殷墟三期
高 23.2 厘米、口径 29 厘米、底径 14 厘米
泥质浅灰陶。斜沿宽、近折，鼓腹，平底。腹饰绳纹，下部的被抹去。

深腹盆　2003AXSH202：52

孝民屯
殷墟三期
高 18 厘米、口径 22.8 厘米、底径 9.6 厘米
泥质灰陶。侈口，领斜立，折沿极短、外撇，
斜腹，凹圜底。体素面。

浅腹盆　2003AXSH202：60

孝民屯
殷墟三期
高 6.5 厘米、口径 25.2 厘米、底径 15.5 厘米
泥质灰陶。直口，弧腹，凹圜底。体饰绳纹、稀疏。

罐　2003AXSH202：56

孝民屯

殷墟三期

高 27.9 厘米、口径 16.4 厘米、底
10.9 厘米

泥质灰陶。短领直立，折肩、肩部
偏上，弧腹，凹圜底。体饰绳纹、较细。

罐　2003AXSH202：58

孝民屯

殷墟三期

残高 34.2 厘米、口径 14 厘米

泥质灰陶。短领斜立，短沿，唇部微凹，折肩较高，斜腹，底残。腹饰绳纹，
间有三道较宽的抹弦纹条带，把绳纹分隔为上下四段。

罐 2003AXSH202：54

孝民屯
殷墟三期
高 20 厘米、口径 17 厘米、底径 11 厘米
泥质灰陶。侈口，卷沿较长、立，腹较鼓，平底。腹饰细绳纹。

罐 2003AXSH202：55

孝民屯
殷墟三期
高 26.8 厘米、口径 14.2 厘米
泥质红陶。短领直立，圆肩，腹较鼓，圆底。肩部饰抹弦纹数道，
腹饰绳纹。

小型罐　2003AXSH202：13

孝民屯
殷墟三期
口径 2.5 厘米、底径 2.6 厘米、高 4 厘米
泥质灰陶。圆唇。体饰两道弦纹。

鬲　2003AXSH226⑤：117

孝民屯
殷墟三期
高 18.3 厘米、口径 21.4 厘米
夹砂灰褐陶。体高略大于宽。折沿较宽，
沿面微凹，袋腹最宽处偏下，裆较低，锥足
较高。沿以下器壁普遍较厚。饰整齐粗绳纹。
此型鬲多见于郑州、许昌地区的晚商文化。

鬲　2003AXSH226③：97

孝民屯
殷墟三期
高 14.3 厘米、口径 15.9 厘米
夹砂深灰陶。侈口，斜折沿，袋
腹最宽处偏中，裆较低，锥足小、较矮。
饰整齐细绳纹。

2003AXSH315　出土陶器

前排（从左到右）：1.鬲（H315：15）　2.罐（H315：8）
后排（从左到右）：1.甑（H315：13）　2.深腹盆（H315：12）　3.罐
（H315：14）

鬲　2003AXSH315：15

孝民屯
殷墟三期
高 11.9 厘米、口径 11.8 厘米
夹砂灰褐陶。侈口，短折沿，矮裆，
矮足。体饰绳纹较粗、整齐。

深腹盆 2003AXSH315：12

孝民屯

殷墟三期

高 25.2 厘米、口径 30.6 厘米、底径 9.6 厘米

泥质红褐陶。侈口，折沿，上腹直，平底较小。腹饰斜绳纹。

甑 2003AXSH315：13

孝民屯

殷墟三期

高 25 厘米、口径 32.6 厘米、底径 12.8 厘米

泥质灰陶。侈口，平折沿，沿面内侧有一道凹槽，斜腹，凹圜底，底开三个扇形孔。中腹饰一道弦纹。

罐 2003AXSH315：14

孝民屯
殷墟三期
高 32.2 厘米、口径 14.6 厘米、
底径 10.9 厘米
泥质灰陶。领近直，斜肩较高，
斜腹，平底微凹。领以下饰绳纹。

罐 2003AXSH315：8

孝民屯
殷墟三期
高 25.5 厘米、口径 18 厘米、底
径 13 厘米
泥质深灰陶。侈口，腹较鼓，平
底。腹饰交错绳纹。

鬲　2003AXSH416：1

孝民屯
殷墟三期
残高 11.8 厘米、口径 14.2 厘米
夹砂深灰陶。侈口，折沿近平，束颈，体最宽处偏下，矮裆，足残。沿内饰一道浅凹弦纹，颈下边饰一道附加堆纹，腹饰细绳纹，散乱。

鬲　2003AXSH416：4

孝民屯
殷墟三期
残高 17.6 厘米、口径 16.4 厘米
夹砂黑褐色陶，足部灰褐色。侈口，卷沿较长，袋腹最宽处偏中，裆较矮，足略高。沿内饰两道凹弦纹，颈部抹光，袋腹饰较细的横绳纹。此型鬲形制特殊。

甑　2003AXSH428：6

孝民屯
殷墟三期
高 21.2 厘米、口径 33.5 厘米、底径 13.5 厘米
泥质灰陶。侈口，折沿近平，斜腹，平底。体饰绳纹，间有抹弦纹，底开扇
形孔三个。

罐　2003AXSH585：1

孝民屯
殷墟三期
高 19 厘米、口径 16 厘米
泥质红陶。卷领，束颈，圆腹，
圜底。颈部有凹槽多道，腹饰绳纹。

中型罍 2003AXST1907 ⑧：1

孝民屯
殷墟三期
高 25.4 厘米、口径 17.6 厘米、底径 12.1 厘米
泥质灰陶。侈口，卷沿较长，束颈，折肩，斜腹，向下曲收，平底。

2004AXSH683　出土陶器

前排（从左到右）：1.鬲（H683：30）　2.鬲（H683：28）　3.鬲（H683：33）
4.鬲（H683：32）

后排（从左到右）：1.尊（H683：41）　2.簋（H683：39）　3.罐（H683：43）
4.罐（H683：40）

鬲　2004AXSH683：28

孝民屯

殷墟三期

高13厘米、口径14.2厘米

夹砂灰陶。体较小。侈口，沿面微凹，折
沿近平，袋腹最宽处偏下，矮裆，矮足。腹饰
细绳纹。

鬲　2004AXSH683：32

孝民屯
殷墟三期
高 14.2 厘米、口径 15.4 厘米
夹砂灰陶。体较小。侈口，沿面微凹，折沿，
矮裆，矮足。腹饰粗绳纹，较凌乱。

鬲　2004AXSH683：30

孝民屯
殷墟三期
高 15.2 厘米、口径 16.6 厘米
夹砂灰陶。体较小。侈口，沿面微凹，斜沿近折，束颈，袋腹最宽处偏下，矮裆，
矮足。腹饰细绳纹。

鬲　2004AXSH683：33

孝民屯
殷墟三期
高10厘米、口径9.8厘米
泥质灰陶。小体。侈口，袋腹中部微鼓，矮裆，矮足。体表磨光。

簋　2004AXSH683：39

孝民屯
殷墟三期
残高14.2厘米、口径21.6厘米
泥质灰陶，侈口，圆唇，腹分上、下两段，上腹斜内收，下腹中部外弧，圈足残。

尊　2004AXSH683：41

孝民屯
殷墟三期
高 29.6 厘米、口径 21.2 厘米、足径 14.4 厘米
泥质灰陶。筒形。卷领，腹直而深，领腹界限
不明显，圈足较高、下口外侈。通体表磨光，体饰
多道凸弦纹。

罐　2004AXSH683：40

孝民屯
殷墟三期
高 23.4 厘米、口径 13.2 厘米
泥质灰陶。卷领，圆腹，腹最
大径偏下，圜底。体饰交错斜绳纹。

罐 2004AXSH683：43

孝民屯

殷墟三期

高 19.3 厘米、口径 16.6 厘米

泥质红陶。卷领，束颈，圆腹，
圆底。颈部有凹槽多道，腹饰绳纹。

箕形器 2011ASH59：2

豫北纱厂

殷墟三期

最高 10 厘米、长 12 厘米

平面呈 U 形，前部圆弧形、后部近方。后面无边框。中部低凹，中间有十字形镂孔。
前端上接牛头，底部接四个矮平足。通体素面。

1959ASM121　出土陶器

从左到右：1.壶（M121：2）　2.簋（M121：1）

参考文献　中国社会科学院考古研究所：《殷墟发掘报告（1958~1961）》，文物出版社，1987。

簋　1959ASM121：1

豫北纱厂

殷墟三期

高 16.4 厘米、口径 19.7 厘米、圈足径 10.5 厘米

泥质灰陶。侈口，卷沿较短，圆唇，唇部饰两道弦纹，腹较深、弧壁，圈足较矮，喇叭口形，下口外侈。上、中腹饰弦纹。

壶　1959ASM121：2

豫北纱厂

殷墟三期

高 18.5 厘米、口径 7.8 厘米、圈足径 9.2 厘米

泥质灰陶。领较短，直口，腹较深，中腹鼓，下腹急收，圈足较细、矮，下口外侈。腹上端有两个纵向贯耳相对，上、中腹饰多道弦纹。

高体圜底瓮　1962ASM26：1

豫北纱厂
殷墟三期
高 67.1 厘米、口径 31 厘米
泥质灰陶。高体。直口，直领较高，深腹、中部微鼓，圜底。领以下饰中绳纹，间饰多道抹弦纹，肩、腹相接部饰一道附加堆纹。

1969AGM6　出土陶器

从左到右：1. 中型罍（M6：1）　2. 簋（M6：12）

中型罍　1969AGM6：1

安钢

殷墟三期

高 24.3 厘米、口径 17.1 厘米、底径 11.9 厘米

泥质灰陶。中领近卷，折肩斜且较高，上腹壁微外弧，下腹内收，平底。肩部粗磨光、饰弦纹，肩折处贴泥饼，上腹饰绳纹。

簋　1969AGM6：12

安钢

殷墟三期

高 15.7 厘米、口径 24.1 厘米、圈足径 9.8 厘米

泥质灰陶。敞口，折沿极短、平，上腹壁斜，下腹向下弧收，圜底，圈足较细、较矮，下口外撇。中腹饰两道弦纹，较宽。

1970AWM3　出土陶器

从左到右：1. 鬲（M3：2）　2. 爵（M3：4）

此墓未查到发掘地点。

鬲　1970AWM3：2

未知
殷墟三期
高 13.6 厘米、口径 13.7 厘米
夹砂红褐陶。侈口，折沿近平、微凹，束颈，腹最宽处偏中，低裆，矮足。袋腹饰横绳纹。此型鬲形态特殊。

爵　1970AWM3：4

未知
殷墟三期
高 13.1 厘米、口径 8.1 厘米
泥质浅灰陶。上部为杯形、较细，中腹偏下明显收束，圜底，下接三锥足、较矮。杯口部内挤而成短流。杯部接纵向鋬，中腹偏下饰弦纹。

1972AGZM73　出土陶器

从左到右：1.罐（M73：1）　2.簋（M73：2）　3.爵（M73：4）　4.觚（M73：3）
此墓还随葬青铜刀1、铸1、凿1、铃1以及磨石1。

参考文献　中国社会科学院考古研究所：《1969~1977年殷墟西区墓葬发掘报告》，《考古学报》1979年第1期。

簋　1972AGZM73：2

安钢
殷墟三期
高15厘米、口径21.5厘米、圈足径12.4厘米
泥质橙红陶，色较暗。侈口，领斜卷，颈部微束，腹向下弧收，圈底，圈足较粗、较高，下口外撇。

觚　1972AGZM73：3

安钢

殷墟三期

高 18.1 厘米、口径 11.9 厘米、底径 6 厘米

泥质灰陶。体较矮，喇叭形口明显外敞，中腹细而直，圈足较高、下口向外卷。体粗磨光。

爵　1972AGZM73：4

安钢

殷墟三期

高 10.6 厘米、口径 9.9 厘米

泥质灰陶。上部为杯形、口大底小，腹偏下明显收束，圜底，下接三锥足、较矮。杯口内挤而成短流。杯部接纵向鋬。

罐 1972AGZM73：1

安钢

殷墟三期

高 25.2 厘米、口径 16.4 厘米、底径 11.1 厘米

泥质灰陶。卷领较短，折肩，肩部斜而较高，上腹壁斜，下腹微内曲，平底。肩部粗磨光，体饰弦纹，上腹饰中绳纹。

1972AGZM74 出土陶器

从左到右: 1.中型罍(M74:4) 2.簋(M74:5) 3.爵(M74:1) 4.觚(M74:2)
5.鬲(M74:3)

此墓还出土青铜觚1、爵1、戈1、玉鱼1、石环1、兽腿骨1。

参考文献 中国社会科学院考古研究所:《1969~1977年殷墟西区墓葬发掘报告》,《考古学报》1979年第1期。

鬲 1972AGZM74:3

安钢
殷墟三期
高11.3厘米、口径14.3厘米
夹砂灰陶。体略扁。侈口,折沿近平,沿面微凹,束颈明显,袋腹最宽处偏中,低裆,锥足矮。颈下边饰附加堆纹,腹饰中绳纹。

簋 1972AGZM74：5

安钢

殷墟三期

高 17 厘米、口径 24.2 厘米、圈足径
10.6 厘米

泥质灰陶。敞口，扁圆唇微外撇，腹
壁斜收，圈足较矮、下口外侈。体饰弦纹。

觚 1972AGZM74：2

安钢

殷墟三期

高 22.2 厘米、口径 14.3 厘米、底径 8.2 厘米

泥质灰陶。体较矮，喇叭形口明显外敞，中
腹细而直，圈足较高、下口向外卷、微出沿。腹、
圈足相接处饰弦纹。

爵　1972AGZM74：1

安钢

殷墟三期

高 12.7 厘米、口径 9 厘米

泥质灰陶。上部为杯形、口大底小，腹偏下明显收束，圆底，下接三锥足、较矮。杯口内挤而成短流。杯部接纵向鋬。

中型罍　1972AGZM74：4

安钢

殷墟三期

高 23.4 厘米、口径 13.3 厘米、底径 13.3 厘米

泥质灰陶。高直领，肩斜折、偏中，腹壁斜，平底。体饰弦纹，上腹饰绳纹，再刻两组三角划纹，中间绳纹被抹。

1975AGZM490 出土陶器

前排（从左到右）：1.爵（M490：1） 2.豆（M490：6）

后排（从左到右）：1.罐（M490：4） 2.瓿（M490：2） 3.簋（M490：5） 4.鬲（M490：3）

此墓还出土贝2。

参考文献 中国社会科学院考古研究所：《1969~1977年殷墟西区墓葬发掘报告》，《考古学报》1979年第1期。

鬲 1975AGZM490：3

　　安钢
　　殷墟三期
　　高 14.2 厘米、口径 15.4 厘米
　　灰陶。高领，鼓腹，实足尖，
通体饰细绳纹。

簋 1975AGZM490：5

　　安钢
　　殷墟三期
　　高 13.3 厘米、口径 20.6 厘米、圈足径 11.9 厘米
　　泥质灰陶。卷领较短，折肩偏中、较斜，上腹壁斜，下腹微内曲，平底。肩部粗磨光，体饰弦纹，上腹饰中绳纹。

豆　1975AGZM490：6

安钢
殷墟三期
高 12.8 厘米、口径 13.2 厘米、圈足径 8.9 厘米
泥质灰陶。小盘较深，口近敛，盘壁向下弧收，圈足较高，上口较细，向下外敞。
体饰弦纹。

觚　1975AGZM490：2

安钢
殷墟三期
高 17 厘米、口径 10.8 厘米、底径 5.4 厘米
泥质灰陶。体较矮，喇叭形口明显外敞，
中腹细而直，圈足矮、下口外敞。

爵 1975AGZM490：1

安钢

殷墟三期

高 10.1 厘米

泥质灰陶，红胎，质软。上部为杯形、口大底小，腹近底明显收束，下接三锥足、较矮。杯口内挤而成短流。杯部接纵向鋬。

罐 1975AGZM490：4

安钢

殷墟三期

高 24.2 厘米、口径 16.3 厘米、底径 10.5 厘米

泥质灰陶。侈口，卷沿，束颈，斜肩，肩部较高，上腹外弧，下腹微收，平底。体经粗磨光，饰多道弦纹，上腹饰多组滚印细绳纹，呈三角形。

1988AGNM84　出土陶器

从左到右：1.瓠（M84：3）　2.爵（M84：4）　3.盘（M84：1）　4.瓿（M84：2）
此墓还出土贝 4。

参考文献　中国社会科学院考古研究所：《安阳殷墟郭家庄商代墓葬》，中
国大百科全书出版社，1998。

盘　1988AGNM84：1

郭家庄西南地
殷墟三期
高 14 厘米、口径 29.6 厘米、圈足径 13.4 厘米
泥质灰陶。敞口，短折沿、微外撇，腹壁斜、近底弧收，圈足较矮。体饰弦纹，
近底部饰绳纹。

觚　1988AGNM84：3

郭家庄西南地
殷墟三期
高 18.3 厘米、口径 11 厘米、圈足径 6.4 厘米
泥质灰陶。体较矮，喇叭形口明显外敞，中腹
细而直，圈足残、较。腹、圈足相接处饰弦纹。

爵　1988AGNM84：4

郭家庄西南地

殷墟三期

高 12.6 厘米、口径 10.2 厘米

泥质浅灰陶。上部为杯形、口大底小，腹近底明显收束，下接三锥足、较高。杯口内挤而成短流。杯部接纵向鋬。

瓿　1988AGNM84：2

郭家庄西南地

殷墟三期

高 21.9 厘米、口径 14.7 厘米、圈足径 14.2 厘米

泥质灰陶。短领近卷，折沿极短，沿面微凹，折肩斜，腹微鼓、较深，下腹急收，圈足较粗、下口外卷。体饰弦纹。

1990AGM1229 出土陶器

从左到右：1.鬲（M1229：4） 2.爵（M1229：3） 3.觚（M1229：1）

鬲 1990AGM1229：4

孝民屯东南地

殷墟三期

高 11.3厘米、口径 12.8厘米

夹砂灰褐陶，局部红褐色。短领斜立，侈口，折沿平、极短，体侧腹壁直，裆较矮，锥足较高、较粗。体素面、袋腹、足的局部隐现中绳纹。此型鬲形制特殊。

觚　1990AGM1229：1

孝民屯东南地
殷墟三期
高 20.4 厘米、口径 14.7 厘米、圈足径 8.8 厘米
泥质灰陶。体较高，喇叭形口明显外敞，中腹
细而直，圈足较高、下口外敞。体表磨光，腹、圈
足相接处饰弦纹。

爵　1990AGM1229：3

孝民屯东南地
殷墟三期
高 12.4 厘米
泥质灰陶，红胎。上部为杯形、口大
底小，腹近底明显收束，下接三锥足、较
矮。杯口内挤而成短流。杯部接纵向鋬。

1990AGNM160　出土陶器（部分）

　　前排（从左到右）：1.豆（M160：2）　2.小型罍（M160：137）　3.爵（M160：1）　4.觚（M160：4）

　　中排（从左到右）：1.小型罍（M160：117）　2.罐（M160：168）　3.小型罍（M160：167）　4.小型罍（M160：169）　5.小型罍（M160：210）

　　后排（从左到右）：1.簋（M160：3）　2.小型罍（M160：212）　3.小型罍（M160：94）　4.小型罍（M160：148）　5.罐（M160：211）

　　此墓随葬品，除上述陶器外，还有小型陶罍2，以及青铜、玉器和石、骨、象牙、漆、竹器等。

　　参考文献　中国社会科学院考古研究所：《安阳殷墟郭家庄商代墓葬》，中国大百科全书出版社，1998。

簋 1990AGNM160：3

郭家庄西南地

殷墟三期

高 15.3 厘米、口径 23 厘米、圈足径 14 厘米

泥质灰陶，胎软。侈口，卷沿、短，腹较直，下部向内急收，圈足较高，下口外敞。体饰弦纹，中腹饰简化饕餮纹，中为纵向短泥条，两侧各有一泥饼。

豆 1990AGNM160：2

郭家庄西南地

殷墟三期

高 11.8 厘米、口径 13 厘米、圈足径 8.5 厘米

泥质灰陶。小盘较深，口近敛，盘壁向下弧收，圈足较高，上口较细，向下外敞。体饰弦纹。

觚 1990AGNM160：4

郭家庄西南地
殷墟三期
高 15 厘米、口径 10.9 厘米、足径 5.8 厘米
泥质灰陶，红胎、软。体较小、喇叭形口明显外
敞，中腹细而直，圈足较高、下口外敞。体粗糙、腹、
圈足相接处偏上饰弦纹。

爵 1990AGNM160：1

郭家庄西南地
殷墟三期
高 10.4 厘米、口径 8 厘米、足高 3.7 厘米
泥质灰陶。上部为小杯形、口大底小，底明显收束，下接三锥足、较矮。杯
口内挤而成短流。杯部接纵向鋬。体粗糙、流、鋬过近，非实用器。

小型罍　1990AGNM160：94

郭家庄西南地
殷墟三期
高 10.8 厘米、口径 9.5 厘米、圈足径 7.4 厘米
泥质灰陶。侈口，短领微卷，短沿近卷，沿内微凹，折肩偏中，腹壁弧，向下急收，矮圈足，下口外侈。体粗磨光，折肩处贴纵向实心小耳。

小型罍　1990AGNM160：117

郭家庄西南地
殷墟三期
高 13.2 厘米、口径 10.8 厘米、圈足径 8.8 厘米
泥质灰陶，表亮黑。侈口，短领微卷，短沿近折、平，沿内微凹，折肩偏中，腹壁弧，向下急收，矮圈足，下口外侈。体表磨光，折肩处贴纵向实心小耳，肩部饰弦纹。

小型罍　1990AGNM160：210

郭家庄西南地

殷墟三期

高 11.9 厘米、口径 9.8 厘米、圈足径 8.1 厘米

泥质灰陶。侈口、短领微卷，唇部有凹槽，折肩偏中，腹壁弧，向下急收，矮圈足、下口外侈。折肩处贴纵向实心小耳。体粗磨光，肩上饰弦纹，肩下饰三角划纹，上下边饰弦纹。

小型罍　1990AGNM160：137

郭家庄西南地

殷墟三期

高 10.4 厘米、口径 9.3 厘米、圈足径 7.6 厘米

泥质灰陶。侈口，短领微卷，短沿近卷，沿内微凹，折肩偏中，腹壁弧，向下急收，矮圈足，下口外侈。折肩处贴纵向实心小耳，肩下饰一圈三角划纹。

小型罍 1990AGNM160：148

郭家庄西南地
殷墟三期
高 10.9 厘米、口径 8.9 厘米、圈足径 7.7 厘米
泥质灰陶，表亮黑。侈口，短领微卷，短沿近卷，沿内微凹，折肩偏中，腹壁弧，向下急收，矮圈足，下口外侈。折肩处贴纵向实心小耳，肩下饰一圈三角划纹。

小型罍 1990AGNM160：167

郭家庄西南地
殷墟三期
高 10.5 厘米、口径 9.2 厘米、圈足径 7.4 厘米
泥质灰陶，表亮。侈口，短领微卷，短沿近卷，折肩偏中，腹壁弧，向下急收，矮圈足，下口外侈。折肩处贴纵向实心小耳，体粗磨光，肩下饰一圈三角划纹。

小型罍　1990AGNM160：169

郭家庄西南地
殷墟三期
高 11.1 厘米、口径 9 厘米、圈足径 7.6 厘米
泥质灰陶。侈口，短领微卷，短沿近卷，折肩偏中，腹壁弧，向下急收，矮圈足、下口外侈。折肩处贴纵向实心小耳。

小型罍　1990AGNM160：212

郭家庄西南地
殷墟三期
高 10.6 厘米、口径 9.1 厘米、圈足径 7.8 厘米
泥质灰陶。侈口，短领微卷，短沿近卷，沿内微凹，折肩偏中，腹壁弧，向下急收，矮圈足，下口外侈。折肩处贴纵向实心小耳，肩下饰一圈三角划纹。

罐　1990AGNM160：168

郭家庄西南地

殷墟三期

高 10.7 厘米、口径 9.6 厘米、底径 6 厘米

泥质灰陶。侈口，短领微卷，短沿近卷，折肩偏中，腹壁弧，向下急收，小平底。肩下饰一圈三角划纹。

罐　1990AGNM160：211

郭家庄西南地

殷墟三期

高 14.7 厘米、口径 9.8 厘米、圈足径 7.3 厘米

泥质浅灰陶。侈口，短领直立，折肩偏中，腹壁向下急收，小平底。腹饰大三角划纹。

2003ALNM1179 出土陶器

从左到右：1.簋（M1179∶1）　2.豆（M1179∶3）　3.鬲（M1179∶2）
此墓（未发表）。还出土贝1。

鬲　2003ALNM1179∶2

刘家庄北地
殷墟三期
高 17.6 厘米、口径 14.5 厘米
　夹砂灰褐陶。侈口，斜折沿，沿面凹，束颈较宽，袋腹最宽处偏上，裆较低，
柱足较高。袋腹饰绳纹。此型鬲少见。

簋 2003ALNM1179：1

刘家庄北地
殷墟三期
高 15.9 厘米、口径 24.8 厘米、圈足径 8.3 厘米
泥质灰陶。敞口,沿短而平,口边有浅细凹槽,腹壁斜,圈足较细、矮,下口外侈。
腹部有明显的慢轮修整旋痕。

豆 2003ALNM1179：3

刘家庄北地
殷墟三期
高 11.6 厘米、口径 3.2 厘米、圈足径 8.5 厘米
泥质灰陶、红胎。小盘较深,口近敛,盘壁向
下弧收,圈足较高,上口较细,向下外敞。体饰弦纹。

陶盉 2003AXSM17：9

孝民屯

殷墟三期

残高 15.2 厘米、口径 8.9 厘米

泥质灰陶。体呈罐形，敛口，鼓腹，最大径偏下，下部残，腹最宽、微偏上处接流，流管斜向上，与流相对一侧有半环形耳；器盖浅，盖面斜，子母口，菌形钮很矮。盉腹及盖面饰弦纹，下部隐现绳纹。

此墓还随葬陶簋、瓿、爵各 1，其他还有青铜器、玉与石器等。

参考文献 殷墟孝民屯考古队：《河南省安阳市孝民屯商代墓葬 2003~2004 年发掘简报》，《考古》2007 年第 1 期。

埙　2003AXSM17：35（大）、M17：15（小）

孝民屯

殷墟三期

M17：35高7.1厘米、顶端孔径0.8厘米；M17：15高4.7厘米、顶端孔径0.6厘米

形制相似。泥质灰陶。细长卵形，两端平，口小、底略大，最大径偏下。腹偏下部开三圆孔，呈倒三角形分布。体表磨光。

兽头　2003AXSM17：56

孝民屯

殷墟三期

通高9.2厘米、长10.4厘米、宽8.9厘米

泥质灰陶。下部近平，有孔，与扁嘴及后脑的一小圆孔相通。正方为昂首形态，脸部短、朝上，短鼻，大耳，扁三角形，大眼、外角微上翘，睛微凸，嘴部向前，刻画鼻孔、较小。

殷墟四期

小型簋　2003AXSM9：8

孝民屯

殷墟四期

高4厘米、口径5.3厘米

泥质灰陶。侈口，沿卷而短，腹壁弧，矮圈足、下口外侈。

人头　2003AXSM9：1

孝民屯

殷墟四期

高3厘米、宽2.7厘米

泥质灰陶。脸部清晰。脸瘦长，眉较粗、近平，眼缝呈条形，鼻梁细、鼻头为蒜头形、较大，嘴宽、唇薄。

高体平底瓮　2004ASF22：2

豫北纱厂

殷墟四期

高 61.2 厘米、口径 33.2 厘米

泥质灰陶。高体。短领近卷，弧肩、肩部很高，弧腹，下部内收，平底。体饰绳纹，肩、腹部加饰七道附加堆纹。

排水管　2004ASF23 北侧排水管：1

豫北纱厂
殷墟四期
长 35 厘米、直径 15.5 厘米
泥质灰陶。管状，口端略粗。表面局部可见细绳纹。

三足瓮　2004ASF38 垫土层：1

豫北纱厂
殷墟四期
高 37.4 厘米、口径 29.3 厘米
泥质灰陶。方唇，宽平折沿，敛口，鼓腹，下腹有一内折线，折线以下接三袋足。口沿以下通饰中绳纹。

殷墟四期早段

深腹盆　1964APNT269③：21

苗圃北地
殷墟四期早段
高 23.4 厘米、口径 31.4 厘米
泥质灰陶。侈口，斜领，沿极短，弧腹，平底较小。腹饰绳纹，间饰抹弦纹一道。

1972ASTH54　出土陶器

　　从左到右：1.深腹盆（H54：13）　2.鬲（H54：10）　3.小型簋（H54：12）
4.罐（H54：11）

鬲　1972ASTH54：10

小屯西地
殷墟四期早段
残高 12.8 厘米、口径 12.2 厘米
夹砂灰褐陶。领较高，袋腹鼓，高裆，足残。体饰绳纹、较浅。口与领部接三横耳、上有戳印纹，领中饰一条附加堆纹，裆间也贴泥条。此型鬲多见于陕北黄土高原南部边缘地带的商代文化。

小型簋　1972ASTH54：12

小屯西地
殷墟四期早段
高 8.6 厘米、口径 10.5 厘米、圈足径 7.2 厘米
泥质灰陶。侈口，鼓腹，矮圈足。体表磨光，间饰弦纹。

深腹盆　1972ASTH54：13

小屯西地
殷墟四期早段
高 27.1 厘米、口径 33.6 厘米、底径 13.6 厘米
泥质灰陶。斜领较短，束颈，斜腹，平底。上腹饰绳纹、间饰弦纹。

罐　1972ASTH54：11

小屯西地
殷墟四期早段
高 22.5 厘米、口径 15.7 厘米、底径
10.1 厘米
泥质灰陶。侈口，斜肩较宽，腹斜收，
平底较小。肩部磨光，间饰弦纹，上腹饰
绳纹，间饰弦纹，下腹素面。

煮盐器　1972ASTT11A⑥B：10

小屯西地
殷墟四期早段
高 18.8 厘米、口径 17 厘米
夹砂灰陶。胎厚。侈口、短沿、直腹、
圆底。上腹绳纹被抹去，中下腹饰粗绳
纹、凌乱。此类器多见于以山东寿光市
双王城遗址为代表的渤海湾盐业遗址。

簋　1972ASTT11A⑥B：11

小屯西地
殷墟四期早段
高 19.6 厘米、口径 29.6 厘米、圈足径 14.1 厘米
泥质灰陶。敞口、厚方唇、弧腹、圆底、圈足较高。上腹饰两道弦纹，其上
饰细绳纹，下饰三角划纹、中填细绳纹，圈足上饰一道弦纹。

素面鬲　1976AXTH8：9

小屯西北

殷墟四期早段

高 9.4 厘米、口径 7.6 厘米

夹砂红褐陶。体较小。侈口，短沿，袋腹最宽处偏下，裆较高，无实足。体素面。此型鬲常见于胶东半岛地区的珍珠门文化。

1976AXTH14　出土陶器

前排（从左到右）：1.鬲（H14：39）　2.鬲（H14：36）　3.鬲（H14：5）

中排（从左到右）：1.盘（H14：35）　2.簋（H14：30）　3.簋（H14：3）4.尊（H14：1）

后排（从左到右）：1.甗（H14：41）　2.簋（H14：31）　3.簋（H14：29）4.盆（H14：2）　5.罐（H14：27）

参考文献　中国社会科学院考古研究所：《安阳小屯》，世界图书出版公司，2002。

鬲　1976AXTH14：5

小屯西北地
殷墟四期早段
高 16 厘米、口径 24 厘米
泥质灰陶。侈口，折沿、微外撇，唇部内凹，弧腹，裆略内凹，袋足肥硕，略
外撇。袋足饰竖直绳纹，裆部饰横斜绳纹。

鬲　1976AXTH14：36

小屯西北地
殷墟四期早段
高 11 厘米、口径 13.5 厘米
灰陶、原生土料。侈口，沿面微凹，短卷领，束颈，鼓腹，矮裆，矮足略残。
袋腹饰细绳纹。

罐　1976AXTH14：39

小屯西北地
殷墟四期早段
高 9.4 厘米、口径 9.1 厘米
泥质灰陶。侈口，短沿，弧腹，弧裆很矮，
矮足。素面。

甗　1976AXTH14：41

小屯西北地
殷墟四期早段
高 35.2 厘米、口径 35 厘米
夹砂红陶。甑部侈口，沿面微凹，弧腹下收；鬲部矮，矮裆，矮足、平跟。
体饰中粗绳纹。

簋   1976AXTH14：30

小屯西北地
殷墟四期早段
高 13 厘米、口径 18.5 厘米
泥质灰陶。侈口，卷沿近平，弧腹，圜底，
矮圈足、下口外侈。体表磨光，饰多道弦纹。

簋   1976AXTH14：3

小屯西北地
殷墟四期早段
高 16 厘米、口径 23.8 厘米
泥质灰陶。口近撇，短沿微外撇，唇部凹槽较深，上腹斜直，向下弧纹，圈足较高，
下口出沿。体经粗磨光，中腹饰三角划纹，上、下饰弦纹。

簋 1976AXTH14：29

小屯西北地
殷墟四期早段
高 17 厘米、口径 29.8 厘米
泥质灰陶。厚方唇，弧腹，矮圈足。上腹饰两道弦纹，以上饰细绳纹，下饰大三角划纹、中填细绳纹。

簋 1976AXTH14：31

小屯西北地
殷墟四期早段
高 20 厘米、口径 29 厘米、圈足径 14.2 厘米
泥质灰陶。厚方唇，弧腹，矮圈足。上腹饰两道弦纹，以上饰细绳纹，以下饰大三角划纹、中填细绳纹。

尊　1976AXTH14：1

小屯西北地
殷墟四期早段
高 24 厘米、口径 19 厘米、圈足
径高 4.5 厘米
泥质灰陶。制作较精。敞口、卷领、
筒腹、中部微收，底近平，圈足较高、
下口外侈。体表磨光，饰多道弦纹，
腹上、下部各饰小三角划纹一周，上
腹有两个扉棱相对，扉棱正中有泥饼
一个。

盘　1976AXTH14：35

小屯西北地
殷墟四期早段
高 11.5 厘米、口径 29.6 厘米、圈足径 11.1 厘米
泥质灰陶。敞口，唇宽、扁，口边有一道凹槽，斜腹，矮圈足、下口微外侈。体素面。

殷墟出土陶器

深腹盆　1976AXTH14：2

小屯西北地
殷墟四期早段
高 19 厘米、口径 27 厘米
泥质灰陶。敞口，平折沿，斜腹，
平底。腹部经慢轮修整痕迹明显，上腹
有刮削旋痕。

罐　1976AXTH14：27

小屯西北地
殷墟四期早段
高 21.7 厘米、口径 16.5 厘米、底径 10.2 厘米
泥质灰陶。侈口，短领近直，窄肩较高，斜腹，平底。肩以下饰粗绳纹。

罐 2003AXNH56：46

孝民屯
殷墟四期早段
高 31.4 厘米、口径 16.6 厘米
泥质灰陶，胎较厚。侈口，斜领，折肩，肩较高，斜腹，平底。领、肩部饰弦纹，上腹饰绳纹，下腹素面，局部有斜划线。

鬲 2003AXSG5：2

孝民屯
殷墟四期早段
残高 13 厘米、口径 16.9 厘米
夹砂灰褐陶，胎厚。侈口，沿面微凹，折沿近平，袋腹最宽处偏下，矮裆，足残。体饰较粗的绳纹。此型鬲多见于郑州、许昌地区的晚商文化。

钵　2003AXSG5：3

孝民屯
殷墟四期早段
高 11.1 厘米、口径 13.2 厘米、底径 8.4 厘米
泥质灰陶。侈口，短沿斜立，中腹微鼓，向下斜收，平底。

瘪裆鬲　2003AXSH12：76

孝民屯
殷墟四期早段
高 13.6 厘米、口径 15.7 厘米
夹砂红褐陶。侈口，沿面微凹，
连裆、裆上微瘪，锥足。袋腹、足
部通饰粗绳纹，较深。

瓿 2003AXSH12：83

孝民屯

殷墟四期早段

高 20.1 厘米、口径 29.6 厘米、底径 9.8 厘米

泥质灰陶。敞口，唇面有一道宽凹槽，斜腹，凹圜底，底开三个扇形孔。腹部的分段接痕明显。

簋 2003AXSH12：66

孝民屯

殷墟四期早段

高 19.4 厘米、口径 25.2 厘米、圈足径 13.6 厘米

泥质灰陶。口近敞，短沿外撇，上腹斜直，圈足较高。中腹饰三角划纹，上、下腹饰弦纹。

深腹盆　2003AXSH12：62

孝民屯
殷墟四期早段
高 20.3 厘米、口径 31 厘米、底径 12.6 厘米
泥质褐陶。侈口，沿面微凹，斜腹，平底。中腹饰绳纹，间饰抹弦纹。

罐　2003AXSH12：79

孝民屯
殷墟四期早段
高 22.2 厘米、口径 15.8 厘米
泥质灰陶。侈口，束颈、颈部较长，
折肩，圆腹，圜底。颈部饰弦纹，腹饰
粗绳纹。

罐 2003AXSH12：75

孝民屯
殷墟四期早段
高 25.1 厘米、口径 14.8 厘米、
底径 9.8 厘米
泥质灰陶。中领近直，短折沿，
圆腹，向下斜收，凹圜底。体饰绳纹、
上腹饰两道弦纹。

器盖 2003AXSH12：68

孝民屯
殷墟四期早段
高 6 厘米、口径 23.5 厘米
泥质红陶。盖面近平，口缘较宽，缘面内凹成子母口。锥形钮。

簋　2003AXSH25∶1

孝民屯
殷墟四期早段
高 18 厘米、口径 21.1 厘米、圈足径 14.8 厘米
泥质灰陶，通体表磨光。敛口，鼓腹，圈足较高、下口出沿。口下饰简化的
饕餮纹，腹部饰三道凹弦纹。

鬲　2004ASH3∶12

豫北纱厂
殷墟四期早段
高 28 厘米、口径 31.8 厘米
夹砂灰陶。侈口，斜沿较宽、近折，袋腹最宽处偏上，两侧向下斜直，裆起始端高，
裆较低，锥足矮。袋腹、足部通饰较粗的绳纹，颈部饰附加堆纹。此型鬲特殊。

鬲　2004ASH48：2

豫北纱厂
殷墟四期早段
高 17.2 厘米、口径 16.9 厘米
夹砂灰陶。体近方，侈口，卷领，束颈，袋腹最宽处偏中，矮裆，柱足较低。表面饰绳纹，分裆两侧饰横斜绳纹，颈下有一周附加堆纹。此型鬲形制特殊。

钵　2004AXSH664：37

孝民屯
殷墟四期早段
高 6.7 厘米、口径 8.6 厘米
泥质灰陶。扁体。口近敛，折腹，上腹斜，下腹急收。

罐　2004AXSH664：39

孝民屯
殷墟四期早段
高 7.7 厘米、口径 5.3 厘米、底径 3.2 厘米
泥质深灰陶。小体，体高明显大于宽。侈口，束颈较长，
折肩，平底。体表面磨光。

素面鬲　2008ATYH88：1

体育运动学校
殷墟四期早段
高 24.2 厘米、口径 22.2 厘米
夹沙红褐陶，局部黑褐色。侈口，斜沿，袋腹较深、向下微外倾，弧裆较高，
袋腔较深，实足矮。体素面。此类鬲多见于山东胶东半岛的珍珠门文化。

2017APH129 出土陶器

从左到右：1.素面鬲（H129：1） 2.素面鬲（H129：2）

素面鬲 2017APH129：1

铁路林场
殷墟四期早段
高 19.6 厘米、口径 20.4 厘米
夹砂红褐陶，局部黑褐色。侈口，斜沿，袋腹较深、近直下，弧裆较高，袋腔较深，实足矮。体素面。此类鬲多见于山东胶东半岛的珍珠门文化。

小型鬲　2017APH129：2

铁路林场
殷墟四期早段
高 8.2 厘米、口径 10.6 厘米
泥质灰陶，大部深灰色。侈口，卷沿，
弧裆矮，矮足。素面。

1974AGXM234　出土陶器

从左到右：1. 鬲（M234：1）　2. 爵（M234：9）　3. 觚（M234：8）
此墓还随葬青铜觚 1、爵 1、戈 2、矛 2、铃 1 以及羊腿骨 1。

参考文献　中国社会科学院考古研究所：《1969~1977 年殷墟西区墓葬
发掘报告》，《考古学报》1979 年第 1 期。

鬲　1974AGXM234：1

安钢
殷墟四期早段
高 13.6 厘米、口径 13.6 厘米
红陶，原生土料。卷领短，口内凹槽
较深，束颈，袋腹最宽处偏中，裆很矮，
足矮而小。袋腹饰粗绳纹。

觚　1974AGXM234：8

安钢
殷墟四期早段
高 15.2 厘米、口径 10.2 厘米、底径 5 厘米
泥质灰陶。矮体，喇叭形口明显外敞，中
腹细而直，圈足矮、下口外侈。

爵　1974AGXM234：9

安钢

殷墟四期早段

高 9.9 厘米、口径 7.8 厘米

泥质灰陶。上部为杯形、较小，口大底小，腹斜直，圜底，下接三锥足、矮。杯口内挤而成短流。杯部接半环状鋬。

1974AGXM237　出土陶器

从左到右：1.盘（M237：1）　2.鬲（M237：2）

鬲 1974AGXM237：2

安钢

殷墟四期早段

高 13.4 厘米、口径 14.3 厘米

夹砂灰褐陶。侈口，折沿近平，沿面微凹，沿边胎薄，从沿到腹相接处胎渐厚，袋腹最宽处偏下，裆较低，无实足。袋腹饰中绳纹。此型鬲多见于郑州、许昌地区的晚商文化。

盘 1974AGXM237：1

安钢

殷墟四期早段

高 10.9 厘米、口径 29.2 厘米、圈足径 9.8 厘米

泥质灰陶。敞口，腹壁斜、向下急收，圈足细、较矮，下口外敞。

1975AGGM367　出土陶器

前排（从左到右）：1.簋（M367：9）　2.罐（M367：7）　3.罐（M367：8）
4.簋（M367：2）

后排（从左到右）：1.罂（M367：10）　2.鬲（M367：3）　3.鬲（M367：1）
4.中型罍（M367：4）

此墓还出土玉与石、骨器、蚌饰以及蛤、螺等。

参考文献　中国社会科学院考古研究所：《1969~1977 年殷墟西区墓葬发掘
报告》，《考古学报》1979 年第 1 期。

鬲　1975AGGM367：1

安钢
殷墟四期早段
高 13.5 厘米、口径 15 厘米
灰陶，原生土料。卷领短，口内凹槽
较深，束颈，袋腹最宽处偏中，裆很矮，
足矮而小。袋腹饰中绳纹。

鬲　1975AGGM367：3

安钢
殷墟四期早段
高 13.6 厘米、口径 15.5 厘米
灰陶，原生土料。卷领短，口内凹槽较深，束颈，袋腹最宽处偏中，裆很矮，
足矮而小。袋腹饰中绳纹。

斝 1975AGGM367：10

安钢

殷墟四期早段

通高 30 厘米、器高 21 厘米、口径 19 厘米；器盖高 9.5 厘米、盖口径 15.9 厘米

夹砂灰陶。卷领长、近平，束颈较宽，袋腹最宽处偏中，裆矮，柱足较高。颈、上腹间接半环形耳。盖为浅盘形，顶面平、侧壁较直，上接四方形提手、中有圆孔。袋腹饰绳纹、较细。盖部素面。

簋 1975AGGM367：9

安钢

殷墟四期早段

高 10.9 厘米、口径 16.1 厘米、圈足径 11 厘米

泥质灰陶。侈口，卷沿近平，上腹近直，向下急收，圈足较高，下口外敞。体表磨光，上腹饰网格纹，上、下边各饰一道弦纹。

簋　1975AGGM367：2

安钢

殷墟四期早段

高 10.7 厘米、口径 17 厘米、圈足径
10.9 厘米

泥质灰陶。侈口，卷沿近平，上腹近直，
向下急收，圈足较高，下口外敞。体表磨光，
上腹饰网格纹、上、下边各饰一道弦纹。

中型罍　1975AGGM367：4

安钢

殷墟四期早段

通高 30 厘米、高 24 厘米、口径 13.7 厘米、底径 9.2 厘米；盖口径 9.4 厘米

泥质灰陶。卷领较高，侈口，沿斜立，沿面微凹，束颈，斜肩，肩较高，斜腹，
平底。肩部两耳相对，肩边磨光，饰弦纹，上腹饰绳纹、较粗，间饰弦纹。

罐 1975AGGM367：7

安钢
殷墟四期早段
高 9.9 厘米、口径 8 厘米、底径 4.8 厘米
泥质红陶。侈口，短领微卷，折沿短而平，折肩偏中，腹壁斜，向下紧收，小平底。
颈、肩部饰弦纹，肩下饰一圈三角划纹。

罐 1975AGGM367：8

安钢
殷墟四期早段
高 9.8 厘米、口径 7.9 厘米、底径 5.2 厘米
泥质红陶。侈口，短领微卷，窄平缘，折肩偏中，腹壁斜，向下紧收，小平底。颈、肩部饰弦纹，肩下饰一圈三角划纹。

1977AGGM701　出土陶质类器物（部分）

前排（从左到右）：1.器盖（M701：68）　2.罐（M701：7）

后排（从左到右）：1.罐（M701：1）　2.原始瓷罐（M701：58）　3.罐（M701：12）

此墓随葬品，除上述器物外，还有硬陶罐1、白陶罐1、盆1、器盖3以及青铜、漆、玉与石、骨、蚌器、龟甲、贝、螺、牛腿骨等。

参考文献　中国社会科学院考古研究所安阳工作队：《1969~1977年殷墟西区墓葬发掘报告》，《考古学报》1979年第1期。

罐　1977AGGM701：12

安钢

殷墟四期早段

残高26厘米、底径10.3厘米

泥质灰陶，表亮黑。中领较直，圆腹、腹最大径偏中，腹壁弧、向下内收，平底、中部微凸起。体表磨光。

原始瓷罐　1977AGGM701：58

安钢
殷墟四期早段
高 24.7 厘米、口径 19.5 厘米
浅灰色，胎薄。侈口，折沿近平，束颈，中腹很鼓，平底。腹饰横篮纹，上饰青绿色釉。

罐　1977AGGM701：7

安钢
殷墟四期早段
高 21 厘米、口径 10 厘米、底径 7.8 厘米
泥质灰陶。体小，中领较直，斜肩较高，腹壁斜直内收，平底。折肩部位贴两个实心耳式泥饼相对。

罐 1977AGGM701：1

安钢
殷墟四期早段
高 38 厘米、口径 18.5 厘米
泥质灰陶。短领直立，短折沿，沿面微内倾，肩圆、较高，腹微鼓，向下弧收，
平底极小。肩、腹饰绳纹、较粗，肩腹相接处贴一圈附加堆纹、较薄。

器盖 1977AGGM701：68

安钢
殷墟四期早段
高 8.2 厘米、口径 12.9 厘米
泥质灰陶。盖较深。盖面中部弧起，顶接
握手，小喇叭形、矮，侧壁较直、微内收。

1978AGSM1571 出土陶器

　　前排（从左到右）：1.尊（M1571：9）　2.小型罍（M1571：5）　3.小型罍（M1571：2）　4.小型罍（M1571：8）　5.觚（M1571：47）　6.爵（M1571：46）7.盘（M1571：10）

　　后排（从左到右）：1.小型罍（M1571：7）　2.小型罍（M1571：1）　3.小型罍（M1571：6）　4.小型罍（M1571：4）　5.小型罍（M1571：3）

　　此墓葬（未发表）随葬品，除上述器物外，还有青铜、玉与石、蚌、骨器以及贝、螺等。

觚　**1978AGSM1571：47**

安钢
殷墟四期早段
高 8.3 厘米、口径 8.4 厘米、圈足径 4 厘米
泥质灰陶。矮体，喇叭形口明显外敞，腹细、直，圈足高、下口外侈，腹、圈足相接处凸起。

爵 1978AGSM1571：46

安钢

殷墟四期早段

高 7.7 厘米、口径 7 厘米

泥质灰陶，红胎，质软。体矮。上部杯形，粗、
矮，下接三足、矮。杯腹部贴纵向泥饼以示鋬。

尊 1978AGSM1571：9

安钢

殷墟四期早段

高 25.3 厘米、口径 19.2 厘米、圈足径 13.3 厘米

泥质灰陶。制作较精。敞口、短领微卷，筒腹、中部微收，底近平，圈足较高，
下口外侈、出沿。体表磨光，饰多道弦纹，腹上、下部各饰竖向线段一周，间有
两个扉棱相对，扉棱间有泥饼一个。

盘 1978AGSM1571：10

安钢
殷墟四期早段
高 9.2 厘米、口径 24.7 厘米、圈足径 9.8 厘米
泥质灰陶。敞口，折沿、微外撇，口边有凹槽一道，腹壁斜、急收，圈足矮、较小。

小型罍 1978AGSM1571：1

安钢
殷墟四期早段
高 8.3 厘米、口径 5.6 厘米、圈足径 5.8 厘米
泥质浅灰陶。侈口，短领微卷，折肩偏中，腹壁近直、向下急收，矮圈足、下口外侈。肩上四道且较宽的弦纹将肩部分为三段，下段饰网格纹、上贴两个相对的实心小耳。

小型罍　1978AGSM1571：2

安钢

殷墟四期早段

高 8.3 厘米、口径 5.5 厘米、圈足径 5.8 厘米

泥质浅灰陶。侈口，短领微卷，折肩偏中，腹壁近直、向下急收，矮圈足、下口外侈。肩上四道深且较宽的弦纹将肩部分为三段，下段饰网格纹、上贴两个相对的实心小耳。

小型罍　1978AGSM1571：3

安钢

殷墟四期早段

高 8.1 厘米、口径 5.4 厘米、圈足径 5.8 厘米

泥质浅灰陶。侈口，短领微卷，折肩偏中，腹壁近直、向下急收，矮圈足、下口外侈。肩上四道深且较宽的弦纹将肩部分为三段，下段饰网格纹、上贴两个相对的实心小耳。肩部粗磨光。

小型罍　1978AGSM1571：4

安钢

殷墟四期早段

高8.3厘米、口径5.7厘米、圈足径5.8厘米

泥质浅灰陶。侈口，短领微卷，折肩偏中，腹壁弧、向下急收，矮圈足、下口外侈。肩上四道深且较宽的弦纹将肩部分为三段，下段饰网格纹、上贴两个相对的实心小耳。肩部粗磨光。

小型罍　1978AGSM1571：5

安钢

殷墟四期早段

高8.6厘米、口径6.1厘米、圈足径6厘米

泥质灰陶。侈口，短领微卷，折肩偏中，斜腹、向下急收，矮圈足、下口外侈。体粗磨光。肩上四道深且较宽的弦纹将肩部分为三段，下段饰网格纹、上贴两个相对的实心小耳。

小型罍 1978AGSM1571：6

安钢

殷墟四期早段

高 8.2 厘米、口径 5.2 厘米、圈足径 5.4 厘米

泥质浅灰陶。侈口，短领微卷，折肩偏中，腹壁近直、向下急收，矮圈足、下口外侈。肩上四道深且较宽的弦纹将肩部分为三段，下段饰网格纹、上贴两个相对的实心小耳。肩部粗磨光。

小型罍 1978AGSM1571：7

安钢

殷墟四期早段

高 8.8 厘米、口径 5.6 厘米、圈足径 5.9 厘米

泥质浅灰陶。侈口，沿斜立，颈部微收、较长，折肩偏中，腹壁近直、向下急收，矮圈足、下口外侈。肩上有凹槽四道、较宽，肩上边饰网格纹、上贴两个相对的实心小耳。肩部粗磨光。

小型罍 1978AGSM1571：8

安钢

殷墟四期早段

高8.3厘米、口径5.7厘米、圈足径5.6厘米

泥质浅灰陶。侈口，短领微卷，弧肩偏中，腹壁近直、向下急收，矮圈足、
下口外侈。肩上四道深且较宽的弦纹将肩部分为三段，下段饰网格纹、上贴两个
相对的实心小耳。肩部粗磨光。

1983AGZM2755 出土陶器

前排（从左到右）：1.豆（M2755：4） 2.瓤（M2755：2） 3.爵（M2755：3）

后排（从左到右）：1.鬲（M2755：6） 2.簋（M2755：7） 3.小型罍（M2755：8）
4.盘（M2755：1）

此墓资料未发表。

鬲　1983AGZM2755：6

安钢

殷墟四期早段

高 14.7 厘米、口径 15.7 厘米

夹砂浅灰陶。侈口，短卷领，口内微凹，束颈，袋腹最宽处偏中，裆很低，矮足较小。袋腹饰绳纹、较细。

簋　1983AGZM2755：7

安钢

殷墟四期早段

高 13.8 厘米、口径 20.6 厘米、圈足径 11.1 厘米

泥质灰陶。侈口，沿斜卷、较长，上腹近直，向下急收，圈足较高，下口外侈。上腹饰三角划纹。

320

殷墟出土陶器

觚　1983AGZM2755：2

安钢
殷墟四期早段
高 13.8 厘米、口径 9.7 厘米、底径 5 厘米
泥质灰陶。矮体，喇叭形口明显外敞，腹细、直，圈足较高，下口外侈、出沿，腹、圈足相接处饰弦纹。

爵　1983AGZM2755：3

安钢
殷墟四期早段
高 8.8 厘米、口径 8 厘米
泥质灰陶。矮体。上部杯形、矮，口大底小，下接三足、矮。杯腹部接半环形鋬，口内挤成短流、流口略低于口。

豆　1983AGZM2755：4

安钢
殷墟四期早段
高 9.2 厘米、口径 11.3 厘米
泥质灰陶。盘极浅，口近敛，腹壁弧、急收，圈足较高，中部内收，下口外侈。

盘 1983AGZM2755：1

安钢
殷墟四期早段
高 11.5 厘米、口径 32.3 厘米、圈足径 10.7 厘米
泥质灰陶。敞口，折沿外撇，口边有凹槽一道，腹壁斜、急收，圈足矮、较小。

小型罍 1983AGZM2755：8

安钢
殷墟四期早段
高 14.2 厘米、口径 9.6 厘米、底径 6.4 厘米
泥质灰陶。侈口，沿斜立，束颈，肩斜，折肩处偏中，腹向下急收，平底。
体表磨光，肩上饰弦纹、较宽，上腹饰三角划纹，折肩上贴两个相对的横穿小耳。

1986ASNM27 出土陶器

前排（从左到右）：1.爵（M27：6） 2.觚（M27：7）
后排（从左到右）：1.簋（M27：13） 2.罐（M27：12） 3.瓿（M27：11）

簋 1986ASNM27：13

大司空南地
殷墟四期早段
高 19.1 厘米、口径 26.1 厘米
泥质灰陶。表亮黑，口近敛，短沿，圆唇，腹较直，下部弧纹，圈足直，较高。
通体磨光，上、下腹饰两组弦纹。

觚 1986ASNM27：7

大司空南地
殷墟四期早段
残高 10.1 厘米、口径 7.1 厘米
泥质灰陶。矮体，沿短而卷、近平，腹细、直，
圈足残，腹、圈足相接处饰弦纹。

爵　1986ASNM27：6

大司空南地
殷墟四期早段
高 8.7 厘米、口径 8 厘米
泥质灰陶，红胎，质软。体矮。上部杯形，粗、
矮，下接三足、矮。杯腹部有鋬，口内挤而成短流。
制作粗糙。

瓿　1986ASNM27：11

大司空南地
殷墟四期早段
高 13.1 厘米、口径 12.3 厘米、圈足径 11.8 厘米
泥质灰陶。矮体，喇叭形口明显外敞，短沿近平，腹细、直，圈足残，腹、
圈足相接处微凸起。

罐 1986ASNM27：12

大司空南地
殷墟四期早段
高10厘米、口径8.1厘米、底径6厘米
泥质灰陶。侈口，短斜沿，颈部较明显，肩弧圆、较宽，鼓腹，圈足较高。
体饰多道弦纹，肩部上、下两组弦纹间分饰网格纹、三角划纹。

1987ASBM64　出土陶质类器物

从左到右：1.觚（M64：2）　2.爵（M64：1）　3.硬陶罐（M64：8）　4.盘（M64：7）

盘 1987ASBM64：7

大司空北地
殷墟四期早段
残高 9.9 厘米、口径 27.6 厘米
泥质灰陶、红胎。口近敛，折沿近平，沿面微凸起，口边有凹槽一道，腹壁斜、急收，圈足残。

觚 1987ASBM64：2

大司空北地
殷墟四期早段
高 12.5 厘米、口径 8.9 厘米、底径 4.5 厘米
泥质灰陶。矮体，敞口，腹细、直，圈足较矮、下口方唇，腹、圈足相接处饰弦纹。体饰弦纹。

爵 1987ASBM64：1

　　大司空北地
　　殷墟四期早段
　　高 8.6 厘米、口径 7.2 厘米
　　泥质灰陶。体矮。上部杯形、矮，下接三足、矮。
杯腹部有鋬，口内挤而成短流。制作较粗糙，鋬、
流很近，非实用器。

硬陶罐 1987ASBM64：8

　　大司空北地
　　殷墟四期早段
　　高 15.4 厘米、口径 10.2 厘米
　　棕红色，表暗。扁体。侈口，短领近直，弧肩，鼓腹，向下急收，平底，中部凸起。
腹部饰拍印方格纹，间饰弦纹，肩部贴三个横耳。此类硬陶器非殷墟本地生产。

殷墟四期晚段

1975AXTF10　出土陶器

从左到右：1.鬲（F10：32）　2.陶瓶（F10：15）　3.器盖（F10：14）

参考文献　中国社会科学院考古研究所：《安阳殷墟小屯建筑遗存》，文物出版社，2010。

鬲　1975AXTF10：32

小屯北地
殷墟四期晚段
高 13.8 厘米、口径 13.9 厘米
夹砂灰褐陶。侈口，沿斜立，袋腹最宽的两侧中部外弧，裆较低，锥足矮。通饰绳纹、较浅。

陶瓶   1975AXTF10 : 15

小屯北地
殷墟四期晚段
直径9厘米、厚0.6厘米
泥质浅灰陶。圆形、正面略弧起，背
面接一半拱形钮。正面饰交错细绳纹、较
深，钮上饰三角划纹。

器盖   1975AXTF10 : 14

小屯北地
殷墟四期晚段
高11厘米、口径18厘米
泥质灰陶。盖较深，顶面弧起，周壁较高、近直，喇叭形钮较矮。

1975AXTF11　出土陶质类器物

前排（从左到右）：1.鬲（F11：65）　2.原始瓷豆（F11 ②：49）

后排（从左到右）：1.原始瓷罐（F11：61）　2.原始瓷钵（F11：62）

3.原始瓷壶（F11：50）　4.原始陶瓿（F11：63）

参考文献　中国社会科学院考古研究所：《安阳殷墟小屯建筑遗存》，文物出版社，2010。

鬲　1975AXTF11：65

小屯北地
殷墟四期晚段
高 12.9 厘米、口径 15.8 厘米
夹砂红褐陶。侈口，沿面微凹，低裆，柱足较高。袋腹饰绳纹。此型鬲形制特殊。

原始瓷豆　1975AXTF11：49

小屯北地
殷墟四期晚段
残高 7.1 厘米、口径 12 厘米
浅灰胎。胎薄。口近敛，折腹，圈足较高，
下口外侈。釉色黄褐，薄而匀。口外饰多道弦纹。
此类原始瓷非殷墟本地生产。

原始瓷壶　1975AXTF11：50

小屯北地
殷墟四期晚段
厚 0.6 厘米
　　灰胎，胎质较粗。胎薄。敛口，口很小，平缘，长腹向下外弧，下腹残。口下有横耳。表面施深绿色釉、不匀。里面无釉，有泥条盘制痕迹。此类原始瓷非殷墟本地生产。

原始瓷钵　1975AXTF11：62

小屯北地
殷墟四期晚段
高 32 厘米、口径 16.3 厘米
　　胎呈土黄色。敛口，鼓腹，平底。表面施深绿色釉，薄而匀。此类原始瓷非殷墟本地生产。

原始瓷罐 1975AXTF11：61

小屯北地
殷墟四期晚段
高 27.2 厘米、口径 23.5、底径 10.6 厘米
灰胎。胎薄。侈口，鼓腹，平底较小。表施黄褐色釉。此类原始瓷非殷墟本地生产。

原始瓷瓿 1975AXTF11：63

小屯北地
殷墟四期晚段
残高 14.1 厘米、底径 11.9 厘米
浅灰色。胎薄。口残，弧肩较低，腹向下急收，圈足矮。肩上部两耳相对，肩、腹部饰小方格纹。此型硬陶瓿多见于以岳阳市费家河为代表的湘江下游青铜文化。

1976AXTH71　出土陶器

前排（从左到右）：1.甑（H71：30）　2.簋（H71：24）　3.鬲（H71：18）　4.罐（H71：33）　5.尊（H71：27）

中排（从左到右）：1.鬲（H71：20）　2.鬲（H71：19）　3.鬲（H71：22）　4.鬲（H71：23）　5.甑（H71：28）

后排（从左到右）：1.鬲（H71：21）　2.小型簋（H71：26）　3.小型簋（H71：25）4.豆（H71：31）　5.器盖（H71：29）　6.罐（H71：32）

鬲　1976AXTH71：18

小屯西北地
殷墟四期晚段
高 19.5 厘米、口径 26 厘米
夹砂灰陶。扁体。侈口，沿面微凹，
折沿较宽，矮裆，无实足。饰粗绳纹。

鬲　1976AXTH71：20

小屯西北地
殷墟四期晚段
高 16.5 厘米、口径 20.5 厘米
夹砂灰陶。侈口，斜折沿，矮裆，
无实足。腹饰中绳纹。

鬲　1976AXTH71：21

小屯西北地
殷墟四期晚段
高 9.8 厘米、口径 11 厘米
灰陶。原生土料。侈口，沿面微凹，
短卷领，束颈，矮裆、足小而矮。表面饰
绳纹。

鬲　1976AXTH71：23

小屯西北地
殷墟四期晚段
高 11.5 厘米、口径 14 厘米
夹砂灰陶。敞口，卷领较高，束颈，矮裆，足矮而小。袋腹饰细绳纹，颈部
饰一道附加堆纹。

甑　1976AXTH71：30

小屯西北地
殷墟四期晚段
高 24 厘米、口径 32.7 厘米、底径 11.5 厘米
泥质灰陶。口近敞，沿面有凹槽，口内缘有棱外凸，斜腹，平底内凹，开扇
形孔三个。腹经慢轮修整，痕迹明显。

簋　1976AXTH71：24

小屯西北地
殷墟四期晚段
高 19.5 厘米、口径 29 厘米
泥质灰陶。敞口，厚方唇，弧腹、腹较深，圈足较高、下口外侈。腹部较直，
下部略鼓，圆底外凸，高圈足外侈。上腹饰细绳纹，间饰弦纹，下腹饰三角划纹、
中填细绳纹。

小型簋　1976AXTH71：25

小屯西北地
殷墟四期晚段
高6.6厘米、口径9厘米
泥质灰陶。侈口，腹较鼓，圈足较矮。体经打磨、饰弦纹。

小型簋　1976AXTH71：26

小屯西北地
殷墟四期晚段
高6厘米、口径11.5厘米
泥质灰陶。侈口，腹较鼓，圈足较矮、下口出沿。体经打磨、饰弦纹。

339

殷
墟
四
期

尊 1976AXTH71：27

小屯西北地
殷墟四期晚段
高 25 厘米、口径 20 厘米
泥质灰陶。口近敞，宽沿近折，腹
呈筒形、中部微收，圈足较高，下口外侈、
出沿。体表磨光，饰多道弦纹，上、下
腹饰三角划纹，间有扉棱，棱间有圆饼。

瓿 1976AXTH71：28

小屯西北地
殷墟四期晚段
高 14.5 厘米、口径 10 厘米
泥质灰陶、表亮黑。短领、向上微收，敛口，缘内倾，腹的横断面呈椭圆形，
圆腹较扁、上部呈弧肩，圈足较低、下口外侈。表面磨光、体饰弦纹，肩饰划纹。

豆　1976AXTH71：31

小屯西北地
殷墟四期晚段
残高6厘米、口径15.5厘米
泥质灰陶。浅盘，口微敛，柄较粗，下部残。

器盖　1976AXTH71：29

小屯西北地
殷墟四期晚段
高5.5厘米、盖径15厘米、子口径12厘米
泥质灰陶。盖顶面稍弧起，周缘较平，喇叭口式钮、柄矮，盖下缘出棱成子母口。
体表磨光，顶面饰弦纹一周。

1985AXTH157 出土陶器

前排（从左到右）：1. 簋（H157：3）　2. 器盖（H157：6）

后排（从左到右）：1. 深腹盆（H157：8）　2. 壶（H157：2）　3. 瓿（H157：5）

参考文献　中国社会科学院考古研究所：《安阳小屯》，世界图书出版北京公司，
2002。

簋　1985AXTH157：3

小屯西北地

殷墟四期晚段

高 15 厘米、口径 14.5 厘米

泥质灰陶。敞口，折沿外撇，弧腹，圈
底，圈足较矮。体经打磨、饰弦纹，上腹饰
三角划纹，刻画潦草。

壶 1985AXTH157：2

小屯西北地

殷墟四期晚段

通高23厘米、口径13厘米、圈足径14厘米

泥质灰陶。小口，短沿，直领，上腹折而出窄肩，鼓腹，圆底，圈足较高、下部外侈出沿。肩下两个贯耳相对，耳下对应圈足处有圆孔。体表磨光，饰多道弦纹，上腹饰三角划纹。

瓿 1985AXTH157：5

小屯西北地

殷墟四期晚段

高21厘米、口径21.5厘米、圈足径4.8厘米

泥质灰陶。短领，口近敛，窄平沿，斜肩，斜腹急收，圈足稍残。体表磨光，肩饰弦纹三周。

深腹盆　1985AXTH157：8

小屯西北地
殷墟四期晚段
高 18.7 厘米、口径 26 厘米、底径 12 厘米
泥质灰陶。口近敞，唇部有凹槽，口内侧起棱，斜领，束颈，斜腹，平底、中微凸。
素面，腹部有明显的慢轮修整刮削痕。

器盖　1985AXTH157：6

小屯西北地
殷墟四期晚段
高 7.5 厘米、口径 22.5 厘米
泥质红陶。盖面较平，中间起锥型钮、中空。盖面中部与钮饰细绳纹。

仿铜大型罍　2011ALNH2498：4

刘家庄北地

殷墟四期晚段

高 36.3 厘米、口径 19.7 厘米、圈足径 21.3 厘米

泥质灰陶。卷领较高，折沿平而短，斜肩，弧斜、向下急收，矮圈足、下口外侈。肩上两横穿耳相对，耳上为牛头形，耳间饰绳纹，中有双三角划纹，其中绳纹被抹去；上贴圆饼、较大，饼上刻画圆圈六个，中一、外五，外圈的线条或未封闭。中腹饰细绳纹，中有双线三角刻画，其间绳纹被抹去。

1958ANST402M1 出土陶器

从左到右：1.壶（M1：1）2.簋（M1：5）3.爵（M1：7）4.觚（M1：6）
此墓（未发表）还随葬陶鬲1、盘1、贝2。

簋 1958ANST402M1：5

豫北纱厂
殷墟四期晚段
高 12.4 厘米、口径 20.1 厘米
泥质灰陶。敞口，唇宽、厚，斜腹，腹较浅，圈足较矮。腹饰绳纹、弦纹，
再刻大三角划纹，角朝上的划纹间的绳纹被抹去。簋内存动物骨骼。

觚 1958ANST402M1：6

豫北纱厂

殷墟四期晚段

高 5.8 厘米、口径 6.5 厘米、底径
3 厘米

泥质灰陶。矮体，小杯形，喇叭
形口，中腹细，底小，圈足极矮。

爵 1958ANST402M1：7

豫北纱厂

殷墟四期晚段

高 3.7 厘米、口径 4.8 厘米

泥质灰陶。体很矮，上部小杯形，
口大底小，口外有较宽的凹槽，底接
三个矮足。口内挤而成短流，无鋬。

壶 1958ANST402M1：1

豫北纱厂

殷墟四期晚段

高 18.9 厘米、口径 12.5 厘米、底径 12.8 厘米

泥质灰陶。侈口，折沿近平，束颈，颈较长，鼓腹，圈足较高，下口外敞、出沿、
方唇。体饰弦纹，上腹饰一周刻画短竖线，肩贴两个相对的纵穿小耳。

1958ANST407M1 出土陶器

从左到右：1.罐（M1：2） 2.小型簋（M1：4） 3.小型罍（M1：1） 4.爵
（M1：5） 5.觚（M1：6）

此墓（未发表）还随葬陶鬲1、骨镞3。

小型簋 1958ANST407M1：4

豫北纱厂

殷墟四期晚段

高 14.3 厘米、口径 18.7 厘米、圈足
径 11 厘米

泥质灰陶，表亮黑。侈口，卷领，腹
微鼓，向下急收，圈足较高，下口明显外
敞。圈足以上磨光，体饰弦纹。

爵　1958ANST407M1：5

豫北纱厂
殷墟四期晚段
高 5.2 厘米、口径 6.5 厘米
泥质灰陶。体很矮，上部小杯形，口大底小，口外有较宽的凹槽，底接三个矮足。口内挤而成短流，无鋬。

觚　1958ANST407M1：6

豫北纱厂
殷墟四期晚段
高 5.9 厘米、口径 6.4 厘米、底径 3.1 厘米
泥质灰陶。矮体，小杯形，喇叭形口，中腹细，圈足极矮。腹、圈足相接处凸起。

小型罍　1958ANST407M1：1

豫北纱厂
殷墟四期晚段
高 8.7 厘米、口径 6.6 厘米、底径 4.8 厘米
泥质灰陶。侈口，沿斜立，束颈，肩斜，折肩处偏中，腹向下急收，平底。体表磨光，肩上饰弦纹，上腹饰三角划纹，折肩上贴两个相对的实心小耳。

罐　1958ANST407M1：2

豫北纱厂

殷墟四期晚段

高 23.8 厘米、口径 10.3 厘米、底径 8.7 厘米

　　泥质灰陶。中领近直，折肩、肩较高，腹深、壁斜直，平底。折肩部位有两个相对的实心耳。

大型罍 1958ASM125

豫北纱厂
殷墟四期晚段
残高 31.4 厘米、口径 11.2 厘米
泥质灰陶。体较高。领较长、近直，圆肩、近体中部，弧腹，下部残。肩上
有两横耳相对。体饰绳纹，间饰抹弦纹多道。

原始瓷豆　1966ASM373：2

豫北纱厂
殷墟四期晚段
高 7.3 厘米、口径 13.8 厘米
胎为浅灰色。口近直，斜腹，腹较深，圈足较高、下口明显外敞。体内外通施青绿色釉、较厚。此类原始瓷非殷墟本地生产。

硬陶瓿　1966ASM373：4

豫北纱厂
殷墟四期晚段
高 9.7 厘米、口径 10.3 厘米、圈足径 6.3 厘米
沙褐色。短领直立，斜肩，弧腹向下急收，矮圈足、较小。肩上两个横穿耳相对，腹饰小方格纹。此型硬陶瓿多见于以岳阳市费家河为代表的湘江下游青铜文化。

1975AGGM349　出土陶器

从左到右：1.爵（M349∶8）　2.罐（M349∶6）　3.小型簋（M349∶7）　4.鬲（M349∶5）
此墓还随葬铅铲1、铃1、石璋3。

参考文献　中国社会科学院考古研究所：《1969～1977年殷墟西区墓葬发掘报告》，《考
古学报》1979年第1期。

鬲　1975AGGM349：5

安钢

殷墟四期晚段

高 10 厘米、口径 13 厘米

泥质灰陶。体较扁。折沿近平、较宽，沿面微凹，束颈，袋腹两侧较直，低裆，柱足矮。腹、足饰绳纹，颈下边贴薄附加堆纹。

小型簋　1975AGGM349：7

安钢

殷墟四期晚段

高 12.8 厘米、口径 17.2 厘米、圈足径 10.6 厘米

泥质灰陶。卷领，弧腹，向下急收，圈足较矮，下口明显外敞。上腹饰网格纹。

爵 1975AGGM349：8

安钢
殷墟四期晚段
高 3.9 厘米、口径 5 厘米
泥质灰陶。体很矮，上部小杯形，口大底小，口外有较宽
的凹槽，底接三个矮足。口内挤而成短流，无鋬。

罐 1975AGGM349：6

安钢
殷墟四期晚段
高 16.8 厘米、口径 11.2 厘米、底径 6.4 厘米
泥质深灰陶。侈口，短沿微卷，斜肩、肩较高，斜腹，平底。

1976AGGM716　出土陶器

前排（从左到右）：1.鬲（M716：5）　2.爵（M716：2）　3.觚（M716：1）
4.鬲（M716：3）

后排（从左到右）：1.甑（M716：4）　2.簋（M716：6）　3.中型罐（M716：8）
此墓还出土蚌片。

参考文献　中国社会科学院考古研究所：《1969~1977年殷墟西区墓葬发掘报
告》，《考古学报》1979年第1期。

鬲　1976AGGM716：3

安钢
殷墟四期晚段
高10.5厘米、口径12.9厘米
夹砂灰陶。侈口，短卷领，束颈，斜沿近平，沿面凹槽较深，袋腹最宽处偏中，裆很矮，实足极矮。袋腹饰绳纹。

鬲　1976AGGM716：5

安钢
殷墟四期晚段
高14厘米、口径20厘米
夹砂灰陶。扁体，侈口，折沿较宽，矮裆，几无实足。袋腹饰粗绳纹。

甑 1976AGGM716：4

安钢
殷墟四期晚段
高 19.6 厘米、口径 24.9 厘米、底径 10.6 厘米
泥质浅灰陶。折沿近平，沿面近口有凹槽一道，唇部有凹槽一道，深腹，底开三孔。

簋 1976AGGM716：6

安钢
殷墟四期晚段
高 15.8 厘米、口径 25 厘米、圈足径
11.6 厘米
泥质灰陶。侈口，厚唇，斜腹，下部
弧收，圈足较高、直。腹饰绳纹，再刻三
角划纹，角朝上的三角内的绳纹被抹去。

觚　1976AGGM716：1

安钢

殷墟四期晚段

高 7.4 厘米、口径 7.1 厘米、底径 3.8 厘米

泥质灰陶。矮体，小杯形，喇叭形口、外敞，
中腹细，圈足矮。

爵　1976AGGM716：2

安钢

殷墟四期晚段

高 5.2 厘米、口径 6.5 厘米

泥质灰陶。体很矮，上部小杯形，口大底小，口外有较宽
的凹槽，底接三个矮足。口边微内挤而成短流，腹贴泥条以示鋬。

中型罐　1976AGGM716：8

安钢

殷墟四期晚段

高 23 厘米、口径 15.7 厘米、底径 10.5
厘米

泥质灰陶。直领，口内有勾棱，斜肩较高，
上腹弧，下腹内曲，平底。肩、上腹饰绳纹，
间饰弦纹。

1976AGXM1013　出土陶器

前排（从左到右）：1.小型罍（M1013：3）　2.小型罍（M1013：10）　3.爵（M1013：6）　4.小型罍（M1013：7）

中排（从左到右）：1.仿铜爵（M1013：14）　2.仿铜爵（M1013：8）　3.小型簋（M1013：5）　4.仿铜觚（M1013：15）　5.仿铜觚（M1013：13）

后排(从左到右)：1.鼎(M1013：2)　2.斝(M1013：11)　3.卣(M1013：9)　4.尊(M1013：12)

据发掘记录，此墓（未发表）还随葬铜戣1、贝12以及兽骨等。

鼎 1976AGXM1013：2

安钢
殷墟四期晚段
高21厘米、口径17.2厘米
泥质灰陶。仿铜器，质软。口近直，口上两个立耳相对，直腹，圜底，鼎腿柱形、较高。腹饰弦纹、较宽。

斝 1976AGXM1013：11

安钢
殷墟四期晚段
高16.7厘米、口径13.6厘米
泥质灰陶。仿铜器，质软。敞口，领卷而高，袋腹最宽处偏上，矮裆，柱足高。领、腹间接半环形鋬，为四棱形，口上立两个相对的柱、较粗，柱顶为菌形，领、上腹饰弦纹。

小型簋　1976AGXM1013：5

安钢

殷墟四期晚段

高 11.9 厘米、口径 18.3 厘米、圈足径 11.2 厘米

泥质灰陶。仿铜器，质软。卷沿近平，腹较直，圈足较高，下口外侈。腹部接两个相对的半环形耳、较大。

爵　1976AGXM1013：6

安钢

殷墟四期晚段

高 4 厘米、口径 4 厘米

泥质灰陶。体很矮，上部小杯形，口大底小，口外有较宽的凹槽，底接三个矮足。口边微内挤而成短流。

小型罍　1976AGXM1013：3

安钢

殷墟四期晚段

高 12.7 厘米、口径 8.8 厘米、底径 5.1 厘米

泥质灰陶，表亮黑。侈口，卷领立、长，折肩近体中，腹向下急收，平底。体表磨光，颈部饰弦纹，上腹饰三角划纹，折肩部偏下贴两个实心耳。

殷墟出土陶器

小型罍　1976AGXM1013：7

安钢

殷墟四期晚段

高 13.1 厘米、口径 9.3 厘米、底径 4.9 厘米

泥质灰陶，表亮黑。侈口，卷领立、长，折肩近体中，腹向下急收，平底。体表磨光，颈部饰弦纹，上腹饰三角划纹，折肩部偏下贴两个实心耳。

小型罍　1976AGXM1013：10

安钢

殷墟四期晚段

高 12.2 厘米、口径 8.8 厘米、底径 4.8 厘米

泥质灰陶，表亮黑。侈口，卷领立、长，折肩近体中，腹向下急收，平底。体表磨光，颈部饰弦纹，上腹饰三角划纹，折肩部偏下贴两个实心耳。

仿铜觚　1976AGXM1013：15

安钢
殷墟四期晚段
高 17.6 厘米、口径 12.5 厘米、底径 6.7 厘米
泥质灰陶。仿铜器、质软。矮体，喇叭形口，
中腹细而直，下部外凸、较粗。圈足较高，下口外敞、
出沿。

仿铜觚　1976AGXM1013：13

安钢
殷墟四期晚段
高 17.7 厘米、口径 12.9 厘米、底径 7.6 厘米
泥质灰陶。仿铜器、质软。体较矮，喇叭形口，
中腹细而直，下部外凸、较粗。圈足较高，下口外敞、
出沿。

仿铜爵　1976AGXM1013：8

安钢
殷墟四期晚段
高 20 厘米
泥质灰陶。仿铜器，质软。上部为圜底
杯形，口部接流较长、深，流口端微斜向上，
与流相对处有尾，较长且上翘，中间有柱，粗、
高，柱顶为菌形，腹接半环形鋬，杯部近底
接三个棱形足、较高。

仿铜爵　1976AGXM1013：14

安钢
殷墟四期晚段
高 20.7 厘米
泥质灰陶。仿铜器，质软。上部为圜底
杯形，口部接流较长、深，流口端微斜向上，
与流相对处有尾，较长且上翘，中间有柱，粗、
高，柱顶为菌形，腹接半环形鋬，杯部近底
接三个棱形足、较高。

尊　1976AGXM1013：12

安钢

殷墟四期晚段

高 21.7 厘米、口径 18.5 厘米、圈足径 11.9 厘米

泥质灰陶。仿铜器，质软。体较矮、粗。敞口，中腹收束，腹下部外凸、较粗。圈足较高，下口出沿。

卣　1976AGXM1013：9

安钢

殷墟四期晚段

高 18.1 厘米、口径 11.7 厘米、圈足径 13.5 厘米

泥质灰陶。仿铜器，质软。扁体，颈较长，弧腹，下接圈足，较高，小口明显外敞。上腹接两个相对的半环形耳，耳间贴泥饼，轮廓近兽面形。

1977AGGM793　出土陶器（部分）

前排（从左到右）：1.鬲（M793：4）　2.瓿（M793：2）　3.盘（M793：1）
后排（从左到右）：1.罐（M793：5）　2.壶（M793：6）　3.尊（M793：7）
此墓还出土陶爵1、青铜瓿1、爵1、觯1、刀1、铃1以及贝8。

参考文献　中国社会科学院考古研究所:《1969~1977年殷墟西区墓葬发掘报告》,《考古学报》1979年第1期。

鬲　1977AGGM793：4

安钢

殷墟四期晚段

高 13 厘米、口径 16.3 厘米

夹砂浅灰陶。领卷而高，束颈，弧腹，裆很矮，锥足也很矮。袋腹饰绳纹、较细。

盘　1977AGGM793：1

安钢

殷墟四期晚段

高 9.5 厘米、口径 26 厘米、圈足径 9.7 厘米

泥质灰陶。口近敛，折沿近平，沿面微凸起，口边凹槽一道，腹壁斜、急收，圈足细、矮。

觚　1977AGGM793：2

安钢

殷墟四期晚段

高 7.7 厘米、口径 8 厘米、底径 4.6 厘米

泥质灰陶。矮体,小杯形,喇叭形口、外敞,中腹细,圈足矮。

尊　1977AGGM793：7

安钢

殷墟四期晚段

高 23.5 厘米、口径 20.2 厘米、底径 14.8 厘米

泥质灰陶。敞口,短沿卷而近平、筒形腹、中部微收,下腹折腹,底近平,圈足较高,下口明显外侈、出沿。体饰多道弦纹,腹上饰短划线一周,下部饰小三角划纹一周,三角夹角线很近。上、下腹有两个扉棱相对,扉棱正中有泥饼一个。

壶 1977AGGM793：6

安钢

殷墟四期晚段

高 23.4 厘米、口径 15.4 厘米、圈足径
14.4 厘米

泥质灰陶。侈口，折沿短、近平，束颈，颈较长，鼓腹，圈足较高，下口外敞、出沿、方唇。体饰弦纹，上腹饰一周三角划纹，肩贴两个相对的纵穿小耳。

罐 1977AGGM793：5

安钢

殷墟四期晚段

高 22.3 厘米、口径 14.4 厘米、底径 9.7 厘米

泥质深灰陶。侈口，短沿微卷、近平，斜肩、肩较高，斜腹，平底。肩部饰弦纹。

1980AGM1595　出土陶器

从左到右：1.簋（M1595∶1）　2.爵（M1595∶4）　3.觚（M1595∶5）

簋　1980AGM1595∶1

安钢

殷墟四期晚段

高16.8厘米、口径25.4厘米、圈足径13.5厘米

泥质灰陶。折沿、平，方唇较厚，弧腹，圈足较高，下口外侈、出沿较宽。体饰弦纹。

觚 1980AGM1595：5

安钢
殷墟四期晚段
高 8 厘米、口径 9.9 厘米、底径 4.3 厘米
泥质灰陶。矮体，小杯形，喇叭形口、外撇，
中腹细，圈足矮。

爵 1980AGM1595：4

安钢
殷墟四期晚段
高 6.7 厘米、口径 6.5 厘米
泥质灰陶。体很矮，上部小杯形，口大底小，口外有较宽的凹槽，底接三个矮足。
口边微内挤而成短流。

1982AGGM873 出土陶器

前排（从左到右）：1.觚（M873：6）　2.爵（M873：5）
后排（从左到右）：1.盘（M873：2）　2.豆（M873：1）　3.罐（M873：3）
此墓葬（未发表）还出土贝1。

觚　1982AGGM873：6

安钢
殷墟四期晚段
高9.5厘米、口径9.6厘米、底径5.3厘米
泥质灰陶，红胎，质软。矮体，喇叭形口，中腹细而直，下部外凸、较粗。圈足矮，下口外侈。

爵 1982AGGM873：5

安钢
殷墟四期晚段
高 8.1 厘米、口径 7.4 厘米
泥质灰陶，质软。体很矮，上部小杯形，口大底小，口外有较宽的凹槽，底接三个矮足。口边微内挤成短流，腹接泥条以示鋬。

豆 1982AGGM873：1

安钢
殷墟四期晚段
高 11.9 厘米、口径 15.4 厘米、圈足径 8.8 厘米
泥质浅灰陶。盘很浅，敛口，弧腹，圈足高，下口外侈。圈足饰弦纹。

盘 1982AGGM873：2

安钢
殷墟四期晚段
高 11.2 厘米、口径 29.3 厘米、圈足径 10.2 厘米
泥质灰陶。小口，口近敛，折沿近平，沿面微凸起，口边有凹槽一道，腹壁斜、急收，圈足矮、细。

罐 1982AGGM873：3

安钢
殷墟四期晚段
高 27.7 厘米、口径 15.2 厘米
泥质灰陶。厚胎。高领，圆腹，圜底。腹饰麦粒状绳纹。

1982AGGM884　出土陶器

前排（从左到右）：1.盘（M884∶1）　2.觚（M884∶2）　3.爵（M884∶3）
后排：1.高体圈底瓮（M884∶4）
此墓（未发表）还出土贝7。

觚 1982AGGM884：2

安钢

殷墟四期晚段

高 5.3 厘米、口径 6.2 厘米、底径 2.7 厘米

泥质灰陶。矮体，小杯形，喇叭形口，腹细、内收。圈足矮，下口外侈。

爵 1982AGGM884：3

安钢

殷墟四期晚段

高 3.4 厘米、口径 4.8 厘米

泥质灰陶。体很矮，上部小杯形，口大底小，口外有较宽的凹槽，底接三个矮足。

盘 1982AGGM884：1

安钢

殷墟四期晚段

高 7.1 厘米、口径 17.9 厘米、圈足径 6.7 厘米

泥质灰陶。口近敛，折沿近平，沿面微凸起，口边有宽凹槽一道，腹壁斜、急收，圈足细、矮。

高体圜底瓮　1982AGGM884：4

安钢
殷墟四期晚段
高 58.8 厘米、口径 24.2 厘米
泥质灰陶。高领，肩斜而高，深腹、中微鼓，圜底。体饰中绳纹，肩腹相接
处贴薄附加堆纹。

1982 供电局仓库 M3　出土陶器

前排（从左到右）：1. 小型罍（M3：3）　2. 鬲（M3：1）
后排（从左到右）：1. 罐（M3：2）　2. 壶（M3：9）　3. 仿铜尊（M3：8）

鬲　1982 供电局仓库 M3：1

郭家庄东
殷墟四期晚段
高 12.9 厘米、口径 16.2 厘米
　夹砂灰陶。扁体。侈口，折沿近平，沿
面凹槽较深，袋腹最宽处偏中，裆极低，无
实足，体饰绳纹、较粗。

小型罍　1982 供电局仓库 M3：3

郭家庄东

殷墟四期晚段

高 15 厘米、口径 9.4 厘米、底径 7.7 厘米

泥质灰陶。侈口，领较高、口内缘面内倾，斜肩、肩部偏中，斜腹，平底。肩部粗磨，饰弦纹，上部饰三角划纹。

壶　1982 供电局仓库 M3：9

郭家庄东

殷墟四期晚段

通高 28.1 厘米、器高 24 厘米、口径 12.3 厘米、底径 14.6 厘米；器高 5.4 厘米、子口径 8.5 厘米、外口径 12 厘米

泥质灰陶，红胎，质软。口近直，颈部较高，圆腹、最大径偏下，圈足较高、下口外侈。颈下饰一周刻画网格纹，上贴相对的纵穿两耳，耳间贴纵向泥条状扉棱，两侧贴泥饼一个。

仿铜尊　1982 供电局仓库 M3：8

郭家庄东
殷墟四期晚段
高 23.4 厘米、口径 20.4 厘米、底径 13.2 厘米
泥质灰陶。喇叭形口，高领，窄肩斜，鼓腹，高圈足、下口出沿、较宽。体饰弦纹，腹饰刻画网格，上贴纵向泥条式扉棱，间贴泥饼。

罐　1982 供电局仓库 M3：2

郭家庄东
殷墟四期晚段
高 13.9 厘米、口径 9.5 厘米、底径 5.8 厘米
泥质浅灰陶。中领直，折肩、肩部偏中，斜腹，平底。肩部饰三角划纹、中填竖刻画线。

1983AGZM2737　出土陶器

前排（从左到右）：1.小型罍（M2737：3）　2.小型罍（M2737：16）　3.小型罍（M2737：15）　4.小型罍（M2737：2）

中排（从左到右）：1.鬲（M2737：4）　2.鬲（M2737：9）　3.盘（M2737：17）4.小型罐（M2737：5）　5.罐（M2737：1）

后排（从左到右）：1.鬲（M2737：10）　2.仿铜爵（M2737：7）　3.仿铜觚（M2737：18）　4.罐（M2737：6）

此墓（未发表）还出石璋、玉璧、蚌泡、贝等。

鬲　1983AGZM2737：4

安钢
殷墟四期晚段
高10.2厘米、口径12厘米
浅灰陶。原生土料。侈口，领短而卷，斜沿，沿面微凹，裆很矮，锥足极矮。袋腹饰中绳纹。

鬲　1983AGZM2737：10

安钢

殷墟四期晚段

高 16.2 厘米、口径 17.5 厘米

夹砂红褐陶。斜沿较宽，沿面微凹，束颈，袋腹最宽处偏中，裆较低，柱足较高。袋腹饰中绳纹。此型鬲形制特殊。

鬲　1983AGZM2737：9

安钢

殷墟四期晚段

高 9.8 厘米、口径 10.9 厘米

浅灰陶，原生土料。侈口，沿斜立，沿面微凹，矮裆，锥足极矮。袋腹饰中绳纹。

小型罍　1983AGZM2737：2

安钢

殷墟四期晚段

高 10 厘米、口径 7.3 厘米、底径 4.8 厘米

泥质灰陶。侈口，中领较高、中部微内束，斜肩、肩部偏中，斜腹，向下曲收，平底。肩、领部饰弦纹、较宽，上腹饰三角划纹，折肩处贴两个相对的实心耳。

小型罍　1983AGZM2737：3

安钢

殷墟四期晚段

高 10.9 厘米、口径 8.1 厘米、底径 5 厘米

泥质灰陶，表近黑色。侈口，中领较高、中部微内束，斜肩、肩部偏中，斜腹，向下曲收，平底。肩、领部饰弦纹、较宽，上腹饰三角划纹，折肩处贴两个相对的实心耳。

小型罐　1983AGZM2737：5

安钢

殷墟四期晚段

高 11.9 厘米、口径 7.8 厘米、底径 6.3 厘米

泥质灰陶。直口，中领直立，沿极短，折肩、肩部偏中，斜腹，平底。体表磨光。

小型罍　1983AGZM2737：15

安钢

殷墟四期晚段

高 10.2 厘米、口径 8.5 厘米、底径 5.6 厘米

泥质灰陶。侈口，中领较高、中微内束，斜肩、肩部偏中，斜腹，向下曲收，平底。肩、领部饰弦纹、较宽，上腹饰三角划纹，折肩处贴两个相对的实心耳。

小型罍 1983AGZM2737：16

安钢

殷墟四期晚段

高 10.7 厘米、口径 8.7 厘米、底径 6 厘米

泥质灰陶。侈口、中领较高、中微内束，斜肩、肩部偏中、斜腹，向下曲收、平底。肩、领部饰弦纹、较宽，上腹饰三角划纹，折肩处贴两个相对的实心耳。

罐 1983AGZM2737：6

安钢

殷墟四期晚段

高 17.8 厘米、口径 11.5 厘米、底径 8.6 厘米

泥质浅灰陶。直口，领较短、直立，沿极短，圆腹，平底。体饰弦纹。

罐　1983AGZM2737：1

安钢

殷墟四期晚段

高 13.2 厘米、口径 8.9 厘米、底径 6.8 厘米

泥质浅灰陶。中领直，折肩窄、肩部偏高，

斜腹，平底。

盘　1983AGZM2737：17

安钢

殷墟四期晚段

高 6.8 厘米、口径 17.7 厘米、圈足径 6.3 厘米

泥质灰陶。小口近敛，折沿近平，沿面微凸起，口边有宽凹槽一道，腹壁斜、

急收，圈足细、矮。

仿铜觚　1983AGZM2737：18

　　安钢

　　殷墟四期晚段

　　高 17.3 厘米、口径 12.4 厘米、底径 6.9 厘米

　　泥质灰陶。仿铜器，质软。体较矮，喇叭形口，中腹细而直，下部外凸、较粗。圈足较高，下口外敞、出沿。

仿铜爵　1983AGZM2737：7

　　安钢

　　殷墟四期晚段

　　高 18.5 厘米、鋬长 16.7 厘米

　　泥质灰陶。仿铜器，质软。上部为圜底杯形，口部接流较长、深，流口端上翘，与流相对处有尾，较长、上翘，中间有柱、粗，柱顶为菌形，腹上部饰弦纹，腹接半环形鋬，杯部近底接三个棱形足、较高。

1984AGM1711　出土陶器

前排（从左到右）：1.盘（M1711：10）　2.爵（M1711：12）　3.觚（M1711：11）　4.仿铜爵（M1711：9）　5.仿铜爵（M1711：8）

后排（从左到右）：1.甗（M1711：3）　2.尊（M1711：4）　3.仿铜觚（M1711：7）　4.仿铜觚（M1711：6）　5.卣（M1711：5）

甗 1984AGM1711：3

安钢
殷墟四期晚段
高 19.1 厘米、口径 15.9 厘米
泥质灰陶。仿铜器，质软。甑部侈口，口上立相对的双耳，斜腹，下接鬲、弧裆低、
高柱足。

觚 1984AGM1711：11

安钢
殷墟四期晚段
高 5.3 厘米、口径 5.7 厘米、底径 2.6 厘米
泥质灰陶。矮体，喇叭形口，下部很细，圈足矮，
下口外侈。

爵 1984AGM1711：12

安钢

殷墟四期晚段

高 2.8 厘米、口径 2.6 厘米

泥质灰陶，红胎、质软。体很小，上部小杯形，很浅，口大底小，口外有较宽的凹槽，底接三个矮足，錾残。

盘 1984AGM1711：10

安钢

殷墟四期晚段

残高 6 厘米、口径 17.9 厘米

泥质灰陶。小口近敛，折沿近平，沿面微凸起，口边有宽凹槽一道，腹壁斜、急收，圈足残。

仿铜觚　1984AGM1711：6

安钢
殷墟四期晚段
高 18 厘米、口径 11.5 厘米、底径 6.3 厘米
泥质灰陶。仿铜器，质软。体较矮，喇叭形口，
中腹细而直，下部外凸、较粗。圈足较高，下口外
敞、出沿。

仿铜觚　1984AGM1711：7

安钢
殷墟四期晚段
高 17.2 厘米、口径 12.3 厘米、底径 6.8 厘米
泥质灰陶。仿铜器，质软。体较矮，喇叭形口，
中腹细而直，下部外凸、较粗。圈足较高，下口外敞、
出沿。

仿铜爵 1984AGM1711：8

安钢

殷墟四期晚段

高 18.5 厘米

泥质灰陶。仿铜器，质软。上部为圜底杯形，口部接流较长、深，流口端上翘，与流相对处有尾，较长、上翘，中间有柱、粗，柱顶为菌形，腹接半环形鋬，杯部近底接三个棱形足、较高。

仿铜爵 1984AGM1711：9

安钢

殷墟四期晚段

高 18.3 厘米

泥质灰陶。仿铜器，质软。上部为圜底杯形，口部接流较长、深，流口端上翘，与流相对处有尾，较长、上翘，中间有柱、粗，柱顶为菌形，腹接半环形鋬，杯部近底接三个棱形足、较高。

尊　1984AGM1711：4

安钢

殷墟四期晚段

高 20.6 厘米、口径 16.4 厘米、圈足径 10.6 厘米

泥质灰陶。仿铜器，质软。体较矮、粗，敞口，中腹收束，腹下部外凸、较粗，上贴细泥条式扉棱。圈足较高，下口出沿。

卣　1984AGM1711：5

安钢

殷墟四期晚段

通高 22.2 厘米、口径 9.1 厘米、器口径 10.4 厘米、圈足径 12 厘米

泥质灰陶。仿铜器，质软。扁体，高领，颈较长，弧腹、腹最大径偏下，下接圈足，较高，小口明显外敞。上腹接两个相对的半环形耳，耳间贴泥饼，轮廓近兽面形。盖较深，顶面弧起，上接菌形钮、较矮，盖侧面高、中部内收。

1992AGNM177　出土陶质类器物

　　从左到右：1.觚（M177：7）　2.盘（M177：1）　3.硬陶罐（M177：6）　4.簋（M177：5）

　　此墓还出土青铜铃 1、石璋 2 以及贝等。

　　参考文献　中国社会科学院考古研究所：《安阳殷墟郭家庄商代墓葬》，中国大百科全书出版社，1998 年。

簋　1992AGNM177：5

　　郭家庄西南地
　　殷墟四期晚段
　　高 16.6 厘米、口径 26.6 厘米、圈足径 13.1 厘米
　　泥质灰陶。侈口，厚唇，腹较深，斜腹，下部弧收，圈足较高、小口外敞。腹饰绳纹，再刻三角划纹，角朝上的三角内绳纹被抹去。

觚　1992AGNM177：7

郭家庄西南地
殷墟四期晚段
高 6 厘米、口径 6.8 厘米、底径 3.5 厘米
泥质灰陶。体很小，小杯形，喇叭形口，下部很细，圈足矮。

盘　1992AGNM177：1

郭家庄西南地
殷墟四期晚段
高 7 厘米、口径 17.6 厘米、圈足径 5.7 厘米
泥质灰陶。小口近敛，折沿外撇，沿面微凸起，口边有宽凹槽一道，腹壁斜、急收，圈足矮。

硬陶罐 1992AGNM177：6

郭家庄西南地

殷墟四期晚段

通高 9.6 厘米、口径 9.6 厘米

灰色。胎薄。短领，口近直，鼓腹，底部凸起。腹部饰拍印小方格纹。此类硬陶器非殷墟本地生产。

鬲 1992ASM1131：1

豫北纱厂

殷墟四期晚段

高 21.4 厘米、口径 10.9 厘米

泥质灰陶。体高小于宽。中领直，口缘面内倾，圆肩较高，向下微内收，裆线短，裆低，锥足很矮。间部两鋬相对，鋬上饰弦纹，弦纹以上饰三角划纹，以下饰中绳纹。此型器物多见于滕州市前掌商代遗址为代表的山东南部晚商文化。

未分期

殷墟

鬲　1959 纱厂南采集

豫北纱厂南
殷墟
高 18.9 厘米、口径 19.7 厘米
夹砂灰褐陶。胎较厚。侈口，折沿，直腹，裆较低，锥足粗、较高。袋腹饰中绳纹、
凌乱。

箕形器　1960APNT15 ⑤：16

苗圃北地
殷墟
高 10 厘米
泥质灰陶。体呈簸箕形，后侧无栏，
中平，低有四足。前端有柄状握手，头端
为牛头形。

陶垫　2010AGDD II H188：1

刘家庄北地
殷墟
高 10 厘米、顶面 8.9 厘米
泥质灰陶。柄部中空，顶面嵌碎石颗
粒。柄部刻画 1 个符号。

陶垫　2010AGDD II H188：2

刘家庄北地
殷墟
长 10 厘米
夹砂青灰陶。扁三角体，中空，从后
端通向前端圆头部，并与背孔通。

陶人饰　1966ASNJ8：1

豫北纱厂
殷墟
残高 7.5 厘米
　　泥质灰陶。面宽略大于高，脸部平，鼻梁粗而凸起，直通头顶，下端刻画两个圆鼻孔，眼球微凸，闭口宽。颈部粗、较明显，弧肩较斜。上胸部位有一较大"子"形刻符。以下残。

方口簋　1971 高楼庄采集

高楼庄
殷墟
高 23.2 厘米、口长 23.6 厘米、宽 11.2 厘米、圈足径 15.8 厘米
　　泥质灰陶。长方形口，圆腹、较深，圈足较高、下口外撇。上部磨光，下腹饰细绳纹。

陶三通排水管　1972 白家坟西地采

白家坟西地
殷墟
长 41 厘米
泥质浅灰陶。管状，两端略粗。表饰粗绳纹，间有抹弦纹把绳纹分为数段。

索　引

本索引按殷墟文化风格陶器、其他地区文化风格的陶质类器物、其他（建材、工具、乐器、陶塑）三大类，分类编排。

一、殷墟文化风格陶器

本类以器物大类的拼音音序，按杯、钵、瓿、鼎、豆、缸、觚、罐、簋、盉、壶、斝、臼形器、爵、罍、鬲、盘、盆、器盖、勺、瓮、筒形器、甗、卣、盂、甑、尊的顺序编排。

名称	编号	出土地点	年代	尺寸（厘米）	页码
杯					
杯	1959ASH317：2	大司空	殷墟一期晚段	高 13.9	14
钵					
钵	2003AXSG5：3	孝民屯	殷墟四期早段	高 11.1、口径 13.2、底径 8.4	292
钵	2004ASH357：25	豫北纱厂	殷墟一期晚段	高 9.8、口径 10.6	59
钵	2003AXSH202：49	孝民屯	殷墟三期	高 10.4、口径 12.5、底径 7.1	223
钵	2004AXSH664：37	孝民屯	殷墟四期早段	高 6.7、口径 8.6	297
瓿					
瓿	2001HDM60：25	花园庄东地	殷墟一期晚段	高 18.9、口径 15、8、圈足径 16.5	94
瓿	1960APNT211④：12	苗圃北地	殷墟二期早段	高 22.6、口径 15、圈足径 15.4	117
瓿	2003AXST2812⑭：4	孝民屯	殷墟二期晚段	残高 16.6、口径 13.4	173
瓿	1988AGNM84：2	郭家庄西南地	殷墟三期	高 21.9、口径 14.7、圈足径 14.2	260
瓿	2003AXSH36：8	孝民屯	殷墟三期	残高 29.6、口径 40.9	218
瓿	1986ASNM27：11	大司空南地	殷墟四期早段	高 13.1、口径 12.3、圈足 11.8	324
瓿	1976AXTH71：28	小屯西北地	殷墟四期晚段	高 14.5、口径 10、圈足径 11	339
瓿	1985AXTH157：5	小屯西北地	殷墟四期晚段	高 21、口径 21.5、圈足高 4.8	342
鼎					
鼎	1976AGXM1013：2	安钢	殷墟四期晚段	高 21、口径 17.2	360

续表

名称	编号	出土地点	年代	尺寸（厘米）	页码
			豆		
豆	1960APNH25：40	苗圃北地	殷墟一期晚段	高 7.2、口径 13.5、圈足径 8.4	19
豆	1971ASTH1：5	小屯西地	殷墟一期晚段	高 10.4、口径 17.7	29
豆	1979AGM1590：3	安钢	殷墟一期晚段	高 11、口径 15.6、圈足径 7.7	83
豆	1993 新安庄 M196：2	苗圃北地	殷墟一期晚段	高 5.9、口径 13.4	84
豆	2001HDM60：9	花园庄东地	殷墟一期晚段	残高 9.7、口径 14.4	90
豆	2001HDM60：10	花园庄东地	殷墟一期晚段	高 9.4、圈足径 9.8、口径 14.8	90
豆	2001HDM60：11	花园庄东地	殷墟一期晚段	残高 9.4、圈足径 10	91
豆	2001HDM60：12	花园庄东地	殷墟一期晚段	残高 6.4、口径 14.7	91
豆	2001HDM60：13	花园庄东地	殷墟一期晚段	高 9、圈足径 10、口径 14.7	92
豆	2001HDM60：14	花园庄东地	殷墟一期晚段	高 9.3、口径 14.9、圈足径 7.6	92
豆	2001HDM60：15	花园庄东地	殷墟一期晚段	残高 9.6、口径 14.7	89
豆	2001HDM60：16	花园庄东地	殷墟一期晚段	高 9.2、圈足径 10.3、口径 14.6	93
豆	2004ASH357：17	豫北纱厂	殷墟一期晚段	残高 7、口径 13.5	57
豆	2004ASH357：19	豫北纱厂	殷墟一期晚段	高 4、口径 14	57
豆	1971ATM25：5	高楼庄南地	殷墟二期早段	残高 4.5、口径 13.9	133
豆	1966ASM298：1	大司空	殷墟二期晚段	高 10.7、口径 16、底径 9.5	178
豆	1976AXTH22：7	小屯西北地	殷墟二期晚段	高 14.6、口径 29、圈足径 16.5	150
豆	1983ASM663：7	豫北纱厂	殷墟二期晚段	高 12.1、口径 16.8、圈足径 9.3	186
豆	1984APNM105：4	苗圃北地	殷墟二期晚段	高 11.6、口径 16.2、底径 8.8	190
豆	1988ALNM121：6	刘家庄北地	殷墟二期晚段	高 13.3、口径 15.5、圈足径 9.5	192
豆	1975AGZM490：6	安钢	殷墟三期	高 12.8、口径 13.2、圈足径 8.9	256
豆	1990AGNM160：2	郭家庄西南地	殷墟三期	高 11.8、口径 13、圈足径 8.5	264
豆	2003ALNM1179：3	刘家庄北地	殷墟三期	高 11.6、口径 3.2、圈足径 8.5	272
豆	1983AGZM2755：4	安钢	殷墟四期早段	高 9.2、口径 11.3、圈足径 7.5	320
豆	1976AXTH71：31	小屯西北地	殷墟四期晚段	残高 6、口径 15.5	340
豆	1982AGGM873：1	安钢	殷墟四期晚段	高 11.9、口径 15.4、圈足径 8.8	373
			缸		
缸	1987AXTH1：14	小屯东北地	殷墟一期早段	高 41、口径 32	09
缸	1987AXTH1：16	小屯东北地	殷墟一期早段	残高 30.5、口径 30.6	10
缸	1987AXTH1：140	小屯东北地	殷墟一期早段	残高 28.6、口径 31.8	11
缸	1973ASNH30：1	小屯南地	殷墟二期晚段	高 16.5、口径 22	143
缸	2000AHDM54：238	花园庄东地	殷墟二期晚段	高 29.8、口径 30.1、底径 4.8	204

续表

名称	编号	出土地点	年代	尺寸（厘米）	页码
			瓿		
瓿	1961APNM58：1	苗圃北地	殷墟一期晚段	高10.4、口径12、圈足径7.5	77
瓿	1979AGM1590：1	安钢	殷墟一期晚段	高18.5、口径12.6、圈足径8.9	82
瓿	1984APNT4④：6	苗圃北地	殷墟一期晚段	高14.3、口径13.6、圈足径7.9	44
瓿	1961APNM17：5	苗圃北地	殷墟二期早段	高16.9、口径14.5、圈足径8.8	128
瓿	1961APNM22：5	苗圃北地	殷墟二期早段	高16.5、口径14、圈足径7.7	130
瓿	1971ATM25：6	高楼庄南地	殷墟二期早段	高16.7、口径14.2、圈足径8.7	132
瓿	1992APNM190：9	苗圃北地	殷墟二期早段	高16.4、口径14.2、底径8.6	135
瓿	1966ASM298：5	大司空	殷墟二期晚段	高20.2、口径12.2、圈足径8.3	177
瓿	1978AGZM583：3	安钢	殷墟二期晚段	高19.3、口径14.6、圈足径7.6	182
瓿	1983AGZM2713：1	安钢	殷墟二期晚段	高20.4、口径14.4、圈足径7.8	184
瓿	1988ALNM121：4	刘家庄北地	殷墟二期晚段	高17.8、口径14.2、圈足径8.2	191
瓿	1972AGZM73：3	安钢	殷墟三期	高18.1、口径11.9、圈足径6	249
瓿	1972AGZM74：2	安钢	殷墟三期	高22.2、口径14.3、圈足径8.2	252
瓿	1975AGZM490：2	安钢	殷墟三期	高17、口径10.8、圈足径5.4	256
瓿	1988AGNM84：3	郭家庄西南地	殷墟三期	高18.3、口径11、圈足径6.4	259
瓿	1990AGM1229：1	孝民屯东南	殷墟三期	高20.4、口径14.7、圈足径8.8	263
瓿	1990AGNM160：4	郭家庄西南地	殷墟三期	高15、口径10.9、圈足径5.8	256
瓿	1974AGXM234：8	安钢	殷墟四期早段	高15.2、口径10.2、圈足径5	301
瓿	1978AGSM1571：47	安钢	殷墟四期早段	高8.3、口径8.4、圈足径4	312
瓿	1983AGZM2755：2	安钢	殷墟四期早段	高13.8、口径9.7、圈足径5	320
瓿	1986ASNM27：7	大司空南地	殷墟四期早段	残高10.1、口径7.1	323
瓿	1987ASBM64：2	大司空北地	殷墟四期早段	高12.5、口径8.9、圈足径4.5	326
瓿	1958ANST402M1：6	豫北纱厂	殷墟四期晚段	高5.8、口径6.5、圈足径3	346
瓿	1958ANST407M1：6	豫北纱厂	殷墟四期晚段	高5.9、口径6.4、圈足径3.1	348
瓿	1976AGGM716：1	安钢	殷墟四期晚段	高7.4、口径7.1、圈足径3.8	358
仿铜瓿	1976AGXM1013：13	安钢	殷墟四期晚段	高17.7、口径12.9、圈足径7.6	363
仿铜瓿	1976AGXM1013：15	安钢	殷墟四期晚段	高17.6、口径12.5、圈足径6.7	363
瓿	1977AGGM793：2	安钢	殷墟四期晚段	高7.7、口径8、圈足径4.6	368
瓿	1980AGM1595：5	安钢	殷墟四期晚段	高8、口径9.9、圈足径4.3	371
瓿	1982AGGM873：6	安钢	殷墟四期晚段	高9.5、口径9.6、圈足径5.3	372
瓿	1982AGGM884：2	安钢	殷墟四期晚段	高5.3、口径6.2、圈足径2.7	376
仿铜瓿	1983AGZM2737：18	安钢	殷墟四期晚段	高17.3、口径12.4、圈足径6.9	387
仿铜瓿	1984AGM1711：6	安钢	殷墟四期晚段	高18、口径11.5、圈足径6.3	391
仿铜瓿	1984AGM1711：7	安钢	殷墟四期晚段	高17.2、口径12.3、圈足径6.8	391

续表

名称	编号	出土地点	年代	尺寸（厘米）	页码
瓿	1984AGM1711：11	安钢	殷墟四期晚段	高 5.3、口径 5.7、圈足径 2.6	389
瓿	1992AGNM177：7	郭家庄西南地	殷墟四期晚段	高 6、口径 6.8、圈足径 3.5	395

罐

名称	编号	出土地点	年代	尺寸（厘米）	页码
罐	1959APNM103：1	苗圃北地	殷墟一期晚段	高 35.2、口径 13.5、底径 15.1	68
罐	1960APNM224：2	苗圃北地	殷墟一期晚段	高 28.5、口径 14.3、底径 11.2	75
罐	1960AVEM11：1	王裕口西地	殷墟一期晚段	高 31.5、口径 16、底径 12	76
罐	1963APNM26：3	苗圃北地	殷墟一期晚段	高 43.5、口径 18.6、底径 17.9	80
罐	1971ASTH1：3	小屯西地	殷墟一期晚段	高 35.5、口径 14.1、底径 10.1	30
罐	1971ASTH1：4	小屯西地	殷墟一期晚段	高 20.6、口径 13.8、底径 7.3	30
罐	1972ASTH8：12	小屯西地	殷墟一期晚段	高 37、口径 15.8、底径 12	33
罐	1973ASNH102：5	小屯南地	殷墟一期晚段	高 19、口径 12	35
罐	1991AXTM21：5	小屯东北地	殷墟一期晚段	高 21、口径 14	108
罐	1991AXTM21：7	小屯东北地	殷墟一期晚段	高 22.4、口径 13.6	108
罐	1992HDM81：7	花园庄东地	殷墟一期晚段	高 20.2、口径 12.9	83
罐	2001HDM60：24	花园庄东地	殷墟一期晚段	高 20.6、口径 15.5	96
罐	2004ASH357：24	豫北纱厂	殷墟一期晚段	高 17.6、口径 13.8	59
罐	2004ASH431②：16	豫北纱厂	殷墟一期晚段	高 17.8、口径 12.1、底径 10.6	61
罐	2010AGDDIH26：4	安钢大道	殷墟一期晚段	高 28.8、口径 17.3、底径 13.5	67
罐	1976AXTH70：20	小屯西北地	殷墟二期早段	高 30.5、口径 15.5、底径 11	122
小型罐	1976AXTH22：10	小屯西北地	殷墟二期晚段	高 9.5、口径 7.5、底径 5.5	153
罐	1984AXTH102：9	小屯西北地	殷墟二期晚段	高 30、口径 15.5、底径 13.2	158
罐	1984AXTH102：10	小屯西北地	殷墟二期晚段	高 23.3、口径 13.2、底径 10	159
罐	1984AXTH102：20	小屯西北地	殷墟二期晚段	残高 24.7、口径 13.7	159
罐	1985AXTH136：15	小屯西北地	殷墟二期晚段	高 28、口径 16.4、底径 12.2	16
罐	2003AXST2711⑧：1	孝民屯	殷墟二期晚段	高 21.4、口径 15.8	167
红陶罐	2003AXST2811⑤：2	孝民屯	殷墟二期晚段	高 31.6、口径 14.8、底径 10.4	170
罐	2003AXST2812⑩：6	孝民屯	殷墟二期晚段	高 32.5、口径 18.8、底径 16.3	174
罐	1972AGZM73：1	安钢	殷墟三期	高 25.2、口径 16.4、底径 11.1	250
罐	1975AGZM490：4	安钢	殷墟三期	高 24.2、口径 16.3、底径 10.5	257
罐	1990AGNM160：168	郭家庄西南地	殷墟三期	高 10.7、口径 9.6、底径 6	270
罐	1990AGNM160：211	郭家庄西南地	殷墟三期	高 14.7、口径 9.8、底径 7.3	270
小型罐	2003AXSH202：13	孝民屯	殷墟三期	口径 2.5、底径 2.6	230
罐	2003AXSH202：54	孝民屯	殷墟三期	高 20、口径 17、底径 10	229
罐	2003AXSH202：55	孝民屯	殷墟三期	高 26.8、口径 14.2	229
罐	2003AXSH202：56	孝民屯	殷墟三期	高 27.9、口径 16.4、底 10.9	228

续表

名称	编号	出土地点	年代	尺寸（厘米）	页码
罐	2003AXSH202：58	孝民屯	殷墟三期	残高34.2、口径14	228
罐	2003AXSH315：8	孝民屯	殷墟三期	高25.5、口径18、底径13	233
罐	2003AXSH315：14	孝民屯	殷墟三期	高32.2、口径14.6、底径10.9	233
罐	2003AXSH585：1	孝民屯	殷墟三期	高19、口径16	235
圆腹罐	2004AXSH683：40	孝民屯	殷墟三期	高23.4、口径13.2	240
罐	2004AXSH683：43	孝民屯	殷墟三期	高19.3、口径16.6	241
罐	1972ASTH54：11	小屯西地	殷墟四期早段	高22.5、口径15.7、底径10.1	282
罐	1975AGGM367：7	安钢	殷墟四期早段	高9.9、口径8、底径4.8	308
罐	1975AGGM367：8	安钢	殷墟四期早段	高9.8、口径7.9、底径5.2	308
罐	1976AXTH14：27	小屯西北地	殷墟四期早段	高21.7、口径16.5、底径10.2	290
罐	1977AGGM701：1	安钢	殷墟四期早段	高38、口径18.5	311
罐	1977AGGM701：7	安钢	殷墟四期早段	高21、口径10、底径7.8	310
罐	1977AGGM701：12	安钢	殷墟四期早段	残高26、底径10.3	309
罐	1986ASNM27：12	大司空南地	殷墟四期早段	高10、口径8.1、底径6	325
罐	2003AXNH56：46	孝民屯	殷墟四期早段	高31.4、口径16.6	291
罐	2003AXSH12：75	孝民屯	殷墟四期早段	高25.1、口径14.8、底径9.8	295
罐	2003AXSH12：79	孝民屯	殷墟四期早段	高22.2、口径15.8	294
罐	2004AXSH664：39	孝民屯	殷墟四期早段	高7.7、口径5.3、底径3.2	298
罐	1958ANST407M1：2	豫北纱厂	殷墟四期晚段	高23.8、口径10.3、底径8.7	349
罐	1975AGGM349：6	安钢	殷墟四期晚段	高16.8、口径11.2、底径6.4	354
中型罐	1976AGGM716：8	安钢	殷墟四期晚段	高23、口径15.7、底径10.5	358
罐	1977AGGM793：5	安钢	殷墟四期晚段	高22.3、口径14.4、底径9.7	369
圆腹罐	1982AGGM873：3	安钢	殷墟四期晚段	高27.7、口径15.2	374
罐	1982供电局仓库M3：2	郭家庄东	殷墟四期晚段	高13.9、口径9.5、底径5.8	380
罐	1983AGZM2737：1	安钢	殷墟四期晚段	高13.2、口径8.9、底径6.8	386
小型罐	1983AGZM2737：5	安钢	殷墟四期晚段	高11.9、口径7.8、底径6.3	384
罐	1983AGZM2737：6	安钢	殷墟四期晚段	高17.8、口径11.5、底径8.6	385

簋

簋	1959ASH326：45	大司空	殷墟一期晚段	高22.3、口径39、圈足径23.92	17
簋	1959ASH326：284	大司空	殷墟一期晚段	高14、口径21.5、圈足径12.5	17
簋	1959WGM1：19	武官北地	殷墟一期晚段	高11.9、口径18、圈足径10.5	70
簋	1959WGM1：24	武官北地	殷墟一期晚段	高13.6、口径22、圈足径12.5	71
簋	1960APNH217：3	苗圃北地	殷墟一期晚段	高18.6、口径27.5、圈足径15.3	22
簋	1960APNH217：14	苗圃北地	殷墟一期晚段	高18.8、口径29、圈足径14.4	22

续表

名称	编号	出土地点	年代	尺寸（厘米）	页码
簋	1963APNH72：21	苗圃北地	殷墟一期晚段	高 17.3、口径 26.3、圈足径 12.7	26
簋	1973ASNH102：4	小屯南地	殷墟一期晚段	高 12.2、口径 20、圈足径 12	35
小型簋	1982APNH8：3	苗圃北地	殷墟一期晚段	高 9.5、口径 11.2、圈足径 7.3	43
簋	2001HDM60：20	花园庄东地	殷墟一期晚段	高 14.6、口径 22、圈足径 12.9	88
簋	2001HDM60：21	花园庄东地	殷墟一期晚段	高 14.2、口径 :23.3、圈足径 13.1	89
簋	2003AXNH227：7	孝民屯	殷墟一期晚段	高 15.2、口径 22、足径 12.5	45
簋	2003AXSM776：4	孝民屯	殷墟一期晚段	高 17.6、口径 27.1、圈足径 15.9	112
簋	2004ASH357：13	豫北纱厂	殷墟一期晚段	高 15.6、口径 25.8、圈足径 15	56
簋	2004ASH357：14	豫北纱厂	殷墟一期晚段	高 17.2、口径 27.2、圈足径 14.5	56
簋	2004ASH357：15	豫北纱厂	殷墟一期晚段	高 12.4、口径 20、圈足径 10.8	57
簋	2004ASH431②：12	豫北纱厂	殷墟一期晚段	高 18.1、口径 26、圈足径 13.2	60
簋	1976AXTH70：19	小屯西北地	殷墟二期早段	高 17、口径 25.4、圈足径 11.3	121
簋	1999ALNM1071：2	刘家庄北	殷墟二期早段	高 15.9、口径 23.6、圈足径 14.5	138
簋	2004ASH314：3	豫北纱厂	殷墟二期早段	高 15.1、口径 22.5、圈足径 9.8	125
簋	2015ALNH102：5	刘家庄北地	殷墟二期早段	高 17.3、口径 26.6、圈足 11.1	127
簋	1961APNH4：13	苗圃北地	殷墟二期晚段	高 17.5、口径 24.4	142
簋	1966ASM298：2	大司空	殷墟二期晚段	高 15.6、口径 23.4、圈足径 11	178
簋	1973ASNH118：82	小屯南地	殷墟二期晚段	高 18、口径 26.5、圈足径 12.4	146
簋	1976AXTH22：5	小屯西北地	殷墟二期晚段	高 14.2、口径 21	149
簋	1976AXTH22：6	小屯西北地	殷墟二期晚段	高 16、口径 23、圈足径 11.2	149
簋	1976AXTH22：12	小屯西北地	殷墟二期晚段	高 16.4、口径 24	150
簋	1983AGZM2713：3	安钢	殷墟二期晚段	高 16、口径 23、圈足径 10.5	183
簋	1983ASM663：11	豫北纱厂	殷墟二期晚段	高 15.7、口径 24.2、圈足径 10.4	186
簋	1984APNM105：3	苗圃北地	殷墟二期晚段	高 15、口径 23.5、圈足径 10	189
簋	1984AXTH102：13	小屯西北地	殷墟二期晚段	复原高约 16、口径 25.7	155
簋	1985AXTH136：4	小屯西北地	殷墟二期晚段	高 17.6、口径 25.3、圈足径 11	160
簋	1985AXTH136：7	小屯西北地	殷墟二期晚段	残高 14.7、口径 24.5	161
簋	1988ALNM121：5	刘家庄北地	殷墟二期晚段	高 17.3、口径 24.5、圈足径 12.9	191
簋	2000HDM54：018	花园庄东地	殷墟二期晚段	高 16.5、口径 25.3、圈足径 13.9	195
簋	1959ASM121：1	豫北纱厂	殷墟三期	高 16.4、口径 19.7、圈足径 10.5	243
簋	1969AGM6：12	安钢	殷墟三期	高 15.7、口径 24.1、圈足径 9.8	246
簋	1972AGZM73：2	安钢	殷墟三期	高 15、口径 21.5、圈足径 12.4	248
簋	1972AGZM74：5	安钢	殷墟三期	高 17、口径 24.2、圈足径 10.6	252
簋	1975AGZM490：5	安钢	殷墟三期	高 13.3、口径 20.6、圈足径 11.9	255
簋	1985AXTH111：7	小屯西北地	殷墟三期	高 16.3、口径 21、圈足径 11.1	213

续表

名称	编号	出土地点	年代	尺寸（厘米）	页码
簋	1985AXTH111：8	小屯西北地	殷墟三期	高14.1、口径20.7、圈足径11.9	214
簋	1985AXTH111：11	小屯西北地	殷墟三期	残高14、口径27	214
簋	1985AXTH111：14	小屯西北地	殷墟三期	残高19.2、口径37.5	215
簋	1990AGNM160：3	郭家庄西南地	殷墟三期	高15.3、口径23、圈足径14	264
簋	2003ALNM1179：1	刘家庄北地	殷墟三期	高15.9、口径24.8、圈足径8.3	272
簋	2004AXSH683：39	孝民屯	殷墟三期	残高14.2、口径21.6	239
小型簋	1972ASTH54：12	小屯西地	殷墟四期早段	高8.6、口径10.5、圈足径7.2	281
簋	1972ASTT11A⑥B：11	小屯西地	殷墟四期早段	高19.6、口径29.6、圈足径14.1	283
簋	1975AGGM367：2	安钢	殷墟四期早段	高10.7、口径17、圈足径10.9	307
簋	1975AGGM367：9	安钢	殷墟四期早段	高10.9、口径16.1、圈足径11	306
簋	1976AXTH14：3	小屯西北地	殷墟四期早段	高16、口径23.8、圈足径13.2	287
簋	1976AXTH14：29	小屯西北地	殷墟四期早段	高17、口径29.8	288
簋	1976AXTH14：30	小屯西北地	殷墟四期早段	高13、口径18.5、圈足径11.6	287
簋	1976AXTH14：31	小屯西北地	殷墟四期早段	高20、口径29、圈足径14.2	288
簋	1983AGZM2755：7	安钢	殷墟四期早段	高13.8、口径20.6、圈足径11.1	319
簋	1986ASNM27：13	大司空南地	殷墟四期早段	高19.1、口径26.1、圈足径14.7	323
簋	2003AXSH12：66	孝民屯	殷墟四期早段	高19.4、口径25.2、圈足径13.6	293
簋	2003AXSH25：1	孝民屯	殷墟四期早段	高18、口径21.1、圈足径14.8	296
簋	1976AXTH71：24	小屯西北地	殷墟四期晚段	高19.5、口径29、圈足径15.6	337
小型簋	1976AXTH71：25	小屯西北地	殷墟四期晚段	高6.6、口径9、圈足径5.4	338
小型簋	1976AXTH71：26	小屯西北地	殷墟四期晚段	高6、口径11.5、圈足径6.7	338
簋	1985AXTH157：3	小屯西北地	殷墟四期晚段	高15、口径14.5	341
方口簋	1971高楼庄采集	高楼庄	殷墟	高23.2、口长23.6、口宽11.2、圈足径15.8	401
小型簋	2003AXSM9：8	孝民屯	殷墟四期	高4、口径5.3	277
簋	1958ANST402M1：5	豫北纱厂	殷墟四期晚段	高12.4、口径20.1	345
小型簋	1958ANST407M1：4	豫北纱厂	殷墟四期晚段	高14.3、口径18.7、圈足径11	347
小型簋	1975AGGM349：7	安钢	殷墟四期晚段	高12.8、口径17.2、圈足径10.6	353
簋	1976AGGM716：6	安钢	殷墟四期晚段	高15.8、口径25、圈足径11.6	357
小型簋	1976AGXM1013：5	安钢	殷墟四期晚段	高11.9、口径18.3、圈足径11.2	361
簋	1980AGM1595：1	安钢	殷墟四期晚段	高16.8、口径25.4、圈足径13.5	370
簋	1992AGNM177：5	郭家庄西南地	殷墟四期晚段	高16.6、口径26.6、圈足径13.1	394

盂

盂	2003AXSM17：9	孝民屯	殷墟三期	残高15.2、口径8.9	273

殷墟出土陶器

续表

壶

名称	编号	出土地点	年代	尺寸（厘米）	页码
壶	1960APNH217：1	苗圃北地	殷墟一期晚段	残高24、口径20.4	23
壶	1961APNM124：231	苗圃北地	殷墟二期早段	高32.8、最大口径16、圈足径21.3	131
壶	1973ASNH40：1	小屯南地	殷墟二期早段	高36.7、口部长20.4、宽15.6、圈足径18.7	119
壶	1959ASM121：2	豫北纱厂	殷墟三期	高18.5、口径7.8、圈足径9.2	243
壶	1985AXTH157：2	小屯西北地	殷墟四期晚段	通高23、口径13、圈足径14	342
壶	1958ANST402M1：1	豫北纱厂	殷墟四期晚段	高18.9、口径12.5、圈足径12.8	346
壶	1977AGGM793：6	安钢	殷墟四期晚段	高23.4、口径15.4、圈足径14.4	369
壶	1982供电局仓库M3：9	郭家庄东	殷墟四期晚段	通高28.1、器高24、口径12.3、底径14.6；器高5.4、子口径8.5、外口径12	379

斝

名称	编号	出土地点	年代	尺寸（厘米）	页码
斝	1960VAT1③：23	孝民屯	殷墟三期	高21.2、口径22	208
斝	1975AGGM367：10	安钢	殷墟四期早段	通高30、器高21、口径19、器盖高9.5、盖口径15.9	306
斝	1976AGXM1013：11	安钢	殷墟四期晚段	高16.7、口径13.6	360

臼形器

名称	编号	出土地点	年代	尺寸（厘米）	页码
臼形器	1976AXTH67：2	小屯西北地	殷墟一期晚段	高21、口径18	41

爵

名称	编号	出土地点	年代	尺寸（厘米）	页码
爵	1961APNM58：2	苗圃北地	殷墟一期晚段	高13	78
爵	1979AGM1590：2	安钢	殷墟一期晚段	高14	82
爵	1961APNM22：3	苗圃北地	殷墟二期早段	高13、足高3	130
爵	1992APNM190：10	苗圃北地	殷墟二期早段	高15.1、口径8	136
爵	1999ALNM1071：4	刘家庄北	殷墟二期早段	高15.6、口径9	138
爵	1966ASM298：4	大司空	殷墟二期晚段	高11.1	177
爵	1978AGZM583：1	安钢	殷墟二期晚段	高13.3	182
爵	1983AGZM2713：2	安钢	殷墟二期晚段	高13.2	184
爵	1988ALNM121：1	刘家庄北地	殷墟二期晚段	高11.5	192
爵	1970AWM3：4	未知	殷墟三期	高13.1	247
爵	1972AGZM73：4	安钢	殷墟三期	高10.6	249
爵	1972AGZM74：1	安钢	殷墟三期	高12.7	253
爵	1975AGZM490：1	安钢	殷墟三期	高10.1	257
爵	1988AGNM84：4	郭家庄西南地	殷墟三期	高12.6	260
爵	1990AGM1229：3	孝民屯东南地	殷墟三期	高12.4	262

续表

名称	编号	出土地点	年代	尺寸（厘米）	页码
爵	1990AGNM160∶1	郭家庄西南地	殷墟三期	高 10.4	265
爵	1974AGXM234∶9	安钢	殷墟四期早段	高 9.9	302
爵	1978AGSM1571∶46	安钢	殷墟四期早段	高 7.7	313
爵	1983AGZM2755∶3	安钢	殷墟四期早段	高 8.8	320
爵	1986ASNM27∶6	大司空南地	殷墟四期早段	高 8.7	324
爵	1987ASBM64∶1	大司空北地	殷墟四期早段	高 8.6	327
爵	1958ANST402M1∶7	豫北纱厂	殷墟四期晚段	高 3.7	346
爵	1958ANST407M1∶5	豫北纱厂	殷墟四期晚段	高 5.2	348
爵	1975AGGM349∶8	安钢	殷墟四期晚段	高 3.9	354
爵	1976AGGM716∶2	安钢	殷墟四期晚段	高 5.2	358
爵	1976AGXM1013∶6	安钢	殷墟四期晚段	高 4	361
仿铜爵	1976AGXM1013∶8	安钢	殷墟四期晚段	高 20	364
仿铜爵	1976AGXM1013∶14	安钢	殷墟四期晚段	高 20.7	364
爵	1980AGM1595∶4	安钢	殷墟四期晚段	高 6.7	371
爵	1982AGGM873∶5	安钢	殷墟四期晚段	高 8.1	373
爵	1982AGGM884∶3	安钢	殷墟四期晚段	高 3.4	376
仿铜爵	1983AGZM2737∶7	安钢	殷墟四期晚段	高 18.5	387
仿铜爵	1984AGM1711∶8	安钢	殷墟四期晚段	高 18.5	392
仿铜爵	1984AGM1711∶9	安钢	殷墟四期晚段	高 18.3	392
爵	1984AGM1711∶12	安钢	殷墟四期晚段	高 2.8	390

罍

名称	编号	出土地点	年代	尺寸（厘米）	页码
大型罍	1959WGM1∶18	武官北地	殷墟一期晚段	通高 31、口径 9、底径 11	73
大型罍	1971ASTH1∶17	小屯西地	殷墟一期晚段	高 32.1、口径 11.5、底径 12.5	29
大型罍	1976AWBM12∶6	武官北地	殷墟一期晚段	高 35.1、口径 10.7、底径 15.6	99
大型罍	1976AWBM12∶7	武官北地	殷墟一期晚段	高 32、口径 11.3、底径 12	100
大型罍	1991AXTM21∶6	小屯东北地	殷墟一期晚段	通高 35.5、口径 10、底径 13；盖高 7.2、口径 12.62	104
大型罍	1991AXTM21∶8	小屯东北地	殷墟一期晚段	通高 38、口径 10.5、底径 14；盖高 8.8、口径 13	104
大型罍	1991AXTM21∶12	小屯东北地	殷墟一期晚段	通高 34、口径 10、底径 12.5；盖高 8、口径 12.5	105
大型罍	2001HDM60∶26	花园庄东地	殷墟一期晚段	高 29、口径 10.5、底径 14.5	95
大型罍	1960APNH213∶12	苗圃北地	殷墟二期早段	高 32.8、口径 13	116
大型罍	1976AXTT13②∶1	小屯西北地	殷墟二期早段	高 32.5、口径 12.3、底径 14.4	123
中型罍	1961APNH4∶12	苗圃北地	殷墟二期晚段	残高 20、口径 9	142

续表

名称	编号	出土地点	年代	尺寸（厘米）	页码
中型罍	1966ASM298：3	大司空	殷墟二期晚段	高30.2、口径13.4、底径14	179
大型罍	1973ASNH118：83	小屯南地	殷墟二期晚段	高34.8、口径13.2、底径12.5	146
大型罍	1976AXTH22：9	小屯西北地	殷墟二期晚段	高33.5、口径14.5、底径14	152
中型罍	1983ASM663：10	豫北纱厂	殷墟二期晚段	高30.7、口径12.2、底径12.5	187
大型罍	1984AXTH102：5	小屯西北地	殷墟二期晚段	残高29.2、残口径13、底径12.5	158
大型罍	1985AXTH136：36	小屯西北地	殷墟二期晚段	高30、口径14、底径14.8	162
中型罍	2000HDM54：161	花园庄东地	殷墟二期晚段	通高22.3、器身高18.4 器身口径8.6、底径8.2、器盖高6.8、器盖口径11.1	192
中型罍	2000HDM54：162	花园庄东地	殷墟二期晚段	通高22.4、口径8.7、底径8.6	201
中型罍	2000HDM54：164	花园庄东地	殷墟二期晚段	通高23.2、器盖口径11.3、器盖高7.7、器身口径8.1、器身高18.7、底径8.3	199
中型罍	2000HDM54：182	花园庄东地	殷墟二期晚段	通高21.8、器盖口径11.5、器盖高7.3、器身口径9.1、器身高17.3、底径5.8	203
中型罍	2000HDM54：185	花园庄东地	殷墟二期晚段	通高21.8、器盖口径10.1、器盖高8.1、器身口径8.4、器身高18.2、底径8.1	200
中型罍	2000HDM54：186	花园庄东地	殷墟二期晚段	通高22.7、口径8.9、底径6.3	202
中型罍	2000HDM54：188	花园庄东地	殷墟二期晚段	通高22、器盖口径10.9、器盖高6.2、器身口径8.9、器身高18.6、底径6.9	203
中型罍	2000HDM54：189	花园庄东地	殷墟二期晚段	通高22.1、器盖口径10.3、器盖高6.4、器身口径8.4、器身高18.4、底径8.3	200
中型罍	2000HDM54：193	花园庄东地	殷墟二期晚段	通高22.7、器盖口径11.3、器盖高6.6、器身口径9、器身高18.1、底径8.5	201
中型罍	2000HDM54：196	花园庄东地	殷墟二期晚段	通高22.3、器盖口径10.7、器盖高6.4、器身口径9.1、器身高17.4、底径6.6	202
大型罍	2000HDM54：029	花园庄东地	殷墟二期晚段	通高30、口径13.9、底径14.6	196
大型罍	2000HDM54：030	花园庄东地	殷墟二期晚段	通高33、口径13、底径15.1	196
大型罍	2000HDM54：031	花园庄东地	殷墟二期晚段	高34.8、口径13.9、底径14.7	197
大型罍	2000HDM54：032	花园庄东地	殷墟二期晚段	高35.7、口径13.6、底径14.8	197
大型罍	2000HDM54：033	花园庄东地	殷墟二期晚段	高35、口径13.4、底径14.6	198
中型罍	2000HDM54：039	花园庄东地	殷墟二期晚段	高22.8、口径10.1、底径10.1	198
大型罍	1960VAT1③：24	孝民屯	殷墟三期	高32、口径15、底径11.5	208
中型罍	1969AGM6：1	安钢	殷墟三期	高24.3、口径17.1、底径11.9	245
中型罍	1972AGZM74：4	安钢	殷墟三期	高23.4、口径13.3、底径13.3	253
小型罍	1990AGNM160：94	郭家庄西南地	殷墟三期	高10.8、口径9.5、圈足径7.4	266
小型罍	1990AGNM160：117	郭家庄西南地	殷墟三期	高13.2、口径10.8、圈足径8.8	266

续表

名称	编号	出土地点	年代	尺寸（厘米）	页码
小型罍	1990AGNM160：137	郭家庄西南地	殷墟三期	高 10.4、口径 9.3、圈足径 7.6	267
小型罍	1990AGNM160：148	郭家庄西南地	殷墟三期	高 10.9、口径 8.9、圈足径 7.7	268
小型罍	1990AGNM160：167	郭家庄西南地	殷墟三期	高 10.5、口径 9.2、圈足径 7.4	268
小型罍	1990AGNM160：169	郭家庄西南地	殷墟三期	高 11 1、口径 9、圈足径 7.6	269
小型罍	1990AGNM160：210	郭家庄西南地	殷墟三期	高 11.9、口径 9.8、圈足径 8.1	267
小型罍	1990AGNM160：212	郭家庄西南地	殷墟三期	高 10.6、口径 9.1、圈足径 7.8	269
中型罍	2003AXST1907⑧：1	孝民屯	殷墟三期	高 25.4、口径 17.6、底径 12.1	236
中型罍	1975AGGM367：4	安钢	殷墟四期早段	通高 30、高 24、口径 13.7、底径 9.2、盖口径 9.4	307
小型罍	1978AGSM1571：1	安钢	殷墟四期早段	高 8.3、口径 5.6、圈足径 5.8	314
小型罍	1978AGSM1571：2	安钢	殷墟四期早段	高 8.3、口径 5.5、圈足径 5.8	315
小型罍	1978AGSM1571：3	安钢	殷墟四期早段	高 8.1、口径 5.4、圈足径 5.8	315
小型罍	1978AGSM1571：4	安钢	殷墟四期早段	高 8.3、口径 5.7、圈足径 5.8	316
小型罍	1978AGSM1571：5	安钢	殷墟四期早段	高 8.6、口径 6.1、圈足径 6 厘米	316
小型罍	1978AGSM1571：6	安钢	殷墟四期早段	高 8.2、口径 5.2、圈足径 5.4	317
小型罍	1978AGSM1571：7	安钢	殷墟四期早段	高 8.8、口径 5.6、圈足径 5.9	317
小型罍	1978AGSM1571：8	安钢	殷墟四期早段	高 8.3、口径 5.7、圈足径 5.6	318
小型罍	1983AGZM2755：8	安钢	殷墟四期早段	高 14.2、口径 9.6、底径 6.4	321
仿铜大型罍	2011ALNH2498：4	刘家庄北地	殷墟四期晚段	高 36.3、口径 19.7、圈足径 21.3	344
小型罍	1958ANST407M1：1	豫北纱厂	殷墟四期晚段	高 8.7、口径 6.6、底径 4.8	348
大型罍	1958ASM125	豫北纱厂	殷墟四期晚段	残高 31.4、口径 11.2	350
小型罍	1976AGXM1013：3	安钢	殷墟四期晚段	高 12.7、口径 8.8、底径 5.1	361
小型罍	1976AGXM1013：7	安钢	殷墟四期晚段	高 13.1、口径 9.3、底径 4.9	362
小型罍	1976AGXM1013：10	安钢	殷墟四期晚段	高 12.2、口径 8.8、底径 4.8	362
小型罍	1982 供电局仓库 M3：3	郭家庄东	殷墟四期晚段	高 15、口径 9.4、底径 7.7	379
小型罍	1983AGZM2737：2	安钢	殷墟四期晚段	高 10、口径 7.3、底径 4.8	383
小型罍	1983AGZM2737：3	安钢	殷墟四期晚段	高 10.9、口径 8.1、底径 5	383
小型罍	1983AGZM2737：15	安钢	殷墟四期晚段	高 10.2、口径 8.5、底径 5.6	384
小型罍	1983AGZM2737：16	安钢	殷墟四期晚段	高 10.7、口径 8.7、底径 6	385
高					
鬲	1959ASH326：12	大司空	殷墟一期晚段	高 16.3、口径 12.6	16
鬲	1959ASH326：63	大司空	殷墟一期晚段	高 19.2、口径 17.6	16
鬲	1959ASH317：24	大司空	殷墟一期晚段	高 13.5、口径 13	13

续表

名称	编号	出土地点	年代	尺寸（厘米）	页码
鬲	1959WGM1：23	武官北地	殷墟一期晚段	高 13.5、口径 13.5	70
鬲	1960APNM212：1	苗圃北地	殷墟一期晚段	高 13.5、口径 12.8	74
大型鬲	1960APNM224：1	苗圃北地	殷墟一期晚段	高 39.7、口径 26.6	75
大型鬲	1961APNM138：1	苗圃北地	殷墟一期晚段	高 35.1、口径 31.7	78
鬲	1971ASTH1：18	小屯西地	殷墟一期晚段	高 16.9、口径 19.2	27
鬲	1972ASTH8：10	小屯西地	殷墟一期晚段	高 12.9、口径 20.4	31
鬲	1972ASTH8：11	小屯西地	殷墟一期晚段	高 30.4、口径 27.5	32
鬲	1976AXTH58：1	小屯西北地	殷墟一期晚段	残高 18.5、口径 15.5	40
鬲	1993 新安庄 M196：3	苗圃北地	殷墟一期晚段	高 26.5、口径 19.4	85
鬲	2001HDM60：19	花园庄东地	殷墟一期晚段	高 12、口径 11.5	88
鬲	2001HDM60：45	花园庄东地	殷墟一期晚段	高 17.8、口径 17.2	87
鬲	2001HDM60：71	花园庄东地	殷墟一期晚段	高 14.2、口径 13.9	87
鬲	2004ASH357：1	豫北纱厂	殷墟一期晚段	高 29.6、口径 25.3	53
鬲	2004ASH357：4	豫北纱厂	殷墟一期晚段	高 15.7、口径 13.9	52
鬲	2004ASH357：5	豫北纱厂	殷墟一期晚段	高 12.2、口径 11.8	53
鬲	2004ASH357：6	豫北纱厂	殷墟一期晚段	高 13.9、口径 12.8	55
鬲	2004ASH357：7	豫北纱厂	殷墟一期晚段	高 29.6、口径 25.3	51
鬲	2004ASH357：8	豫北纱厂	殷墟一期晚段	高 21.6、口径 21.4	52
鬲	2004ASH357：9	豫北纱厂	殷墟一期晚段	高 19.4、口径 17	53
鬲	2004ASH357：20	豫北纱厂	殷墟一期晚段	高 31、口径 28.8	51
鬲	2004AXSF102-2：1	孝民屯	殷墟一期晚段	高 17.4、口径 18.4	62
鬲	2016ASH16：31	豫北纱厂	殷墟一期晚段	高 32.5、口径 24.6	67
鬲	1960APNH20：9	苗圃北地	殷墟二期早段	高 16.1、口径 14.6	116
鬲	1961APNM17：2	苗圃北地	殷墟二期早段	高 19.6、口径 18	128
鬲	1961APNM22：4	苗圃北地	殷墟二期早段	高 13.6、口径 12.8	129
鬲	1976AXTH70：17	小屯西北地	殷墟二期早段	高 20.5、口径 17.7	121
鬲	1992APNM190：8	苗圃北地	殷墟二期早段	高 23.7、口径 19	135
瘪裆鬲	2015ALNH102：6	刘家庄北地	殷墟二期早段	高 19.6、口径 15.7	126
鬲	2015ALNH102：7	刘家庄北地	殷墟二期早段	高 16.1、口径 16.5	126
鬲	1961APNM111：1	苗圃北地	殷墟二期晚段	高 20.7、口径 19.3	174
鬲	1973ASNH118：79	小屯南地	殷墟二期晚段	高 16.7、口径 14.2	145
鬲	1973ASNH118：84	小屯南地	殷墟二期晚段	高 17.2、口径 16.3	145
鬲	1976AXTH22：3	小屯西北地	殷墟二期晚段	残高 12、口径 14、腹径 18.4	148
鬲	1978AGZM583：2	安钢	殷墟二期晚段	高 13.1、口径 15.6	181
鬲	1984AXTH102：18	小屯西北地	殷墟二期晚段	高 21.3、口径 18.5	154

续表

名称	编号	出土地点	年代	尺寸（厘米）	页码
鬲	2000HDM54：08	花园庄东地	殷墟二期晚段	高 19.6、口径 18.1	195
鬲	2003AXST2711⑭：5	孝民屯	殷墟二期晚段	残高 17.6、口径 21.4	165
鬲	2003AXST2811⑭：6	孝民屯	殷墟二期晚段	高 19.4、口径 21	165
鬲	2003AXST2811⑭：13	孝民屯	殷墟二期晚段	高 17.5、口径 21.4	168
鬲	2003AXST2812⑪：1	孝民屯	殷墟二期晚段	高 21.2、口径 20.6	172
鬲	2003AXST2812⑫：1	孝民屯	殷墟二期晚段	高 20.4、口径 21	172
鬲	2003AXST2812⑮：2	孝民屯	殷墟二期晚段	高 12.7、口径 15.8	173
鬲	1966AST305H9②：1	豫北纱厂	殷墟三期	残高 12.5、口径 17	210
鬲	1972AGZM74：3	安钢	殷墟三期	高 11.3、口径 14.3	251
鬲	1975AGZM490：3	安钢	殷墟三期	高 14.2、口径 15.4	255
鬲	2003AXSH202：11	孝民屯	殷墟三期	高 16.3、口径 20.8	220
小型鬲	2003AXSH202：64	孝民屯	殷墟三期	高 9.5、口径 10	221
大型鬲	2003AXSH202：68	孝民屯	殷墟三期	高 26.2、口径 31.2	220
鬲	2003AXSH226③：97	孝民屯	殷墟三期	高 14.3、口径 15.9	230
鬲	2003AXSH315：15	孝民屯	殷墟三期	高 11.9、口径 11.8	231
鬲	2003AXSH36：6	孝民屯	殷墟三期	高 11.8、口径 14.8	218
鬲	2003AXSH416：1	孝民屯	殷墟三期	残高 11.8、口径 14.2	234
鬲	2004AXSH683：28	孝民屯	殷墟三期	高 13、口径 14.2	237
鬲	2004AXSH683：30	孝民屯	殷墟三期	高 15.2、口径 16.6	238
鬲	2004AXSH683：32	孝民屯	殷墟三期	高 14.2、口径 15.4	238
鬲	2004AXSH683：33	孝民屯	殷墟三期	高 10、口径 9.8	239
鬲	1974AGXM234：1	安钢	殷墟四期早段	高 13.6、口径 13.6	301
鬲	1975AGGM367：1	安钢	殷墟四期早段	高 13.5、口径 15	305
鬲	1975AGGM367：3	安钢	殷墟四期早段	高 13.6、口径 15.5	305
鬲	1976AXTH14：5	小屯西北地	殷墟四期早段	高 16、口径 24	285
鬲	1976AXTH14：36	小屯西北地	殷墟四期早段	高 11、口径 13.5	285
鬲	1976AXTH14：39	小屯西北地	殷墟四期早段	高 9.4、口径 9.1	286
鬲	1983AGZM2755：6	安钢	殷墟四期早段	高 14.7、口径 15.7	319
小型鬲	2017APH129：2	铁路林场	殷墟四期早段	高 8.2、口径 10.6	300
鬲	1976AXTH71：18	小屯西北地	殷墟四期晚段	高 19.5、口径 26	335
鬲	1976AXTH71：20	小屯西北地	殷墟四期晚段	高 16.5、口径 20.5	335
鬲	1976AXTH71：21	小屯西北地	殷墟四期晚段	高 9.8、口径 11	336
鬲	1976AXTH71：23	小屯西北地	殷墟四期晚段	高 11.5、口径 14	336
鬲	1975AGGM349：5	安钢	殷墟四期晚段	高 10、口径 13	353
鬲	1976AGGM716：3	安钢	殷墟四期晚段	高 10.5、口径 12.9	356

殷墟出土陶器

续表

名称	编号	出土地点	年代	尺寸（厘米）	页码
鬲	1976AGGM716：5	安钢	殷墟四期晚段	高 14、口径 20	356
鬲	1977AGGM793：4	安钢	殷墟四期晚段	高 13、口径 16.3	367
鬲	1982 供电局仓库 M3：1	郭家庄东	殷墟四期晚段	高 12.9、口径 16.2	378
鬲	1983AGZM2737：4	安钢	殷墟四期晚段	高 10.2、口径 12	381
鬲	1983AGZM2737：9	安钢	殷墟四期晚段	高 9.8、口径 10.9	382
鬲	1959 纱厂南采集	豫北纱厂南	殷墟	高 18.9、口径 19.7	399

盘

名称	编号	出土地点	年代	尺寸（厘米）	页码
盘	1987AXTH1：7	小屯东北地	殷墟一期早段	高 3.2、口径 22、圈足径 20	05
盘	1987AXTH1：10	小屯东北地	殷墟一期早段	残高 3.5、口径 27	06
盘	1987AXTH1：11	小屯东北地	殷墟一期早段	高 8.5、口径 26、圈足高 3.5	06
盘	1987AXTH1：12	小屯东北地	殷墟一期早段	口径 25	04
盘	1987AXTH1：17	小屯东北地	殷墟一期早段	高 7.8、口径 24.2、圈足高 3	05
盘	1989AXTH4：1	小屯东北地	殷墟一期晚段	高 11.6、口径 34.4、圈足径 22.7	44
盘	1984AXTH102：15	小屯西北地	殷墟二期晚段	高 11.5、口径 37、圈足径 21.3	156
盘	1988AGNM84：1	郭家庄西南地	殷墟三期	高 14、口径 29.6、圈足径 13.4	259
盘	1974AGXM237：1	安钢	殷墟四期早段	高 10.9、口径 29.2、圈足径 9.8	303
盘	1976AXTH14：35	小屯西北地	殷墟四期早段	高 11.5、口径 29.6、圈足径 11.1	289
盘	1978AGSM1571：10	安钢	殷墟四期早段	高 9.2、口径 24.7、圈足径 9.8	314
盘	1983AGZM2755：1	安钢	殷墟四期早段	高 11.5、口径 32.3 圈足径 10.7	321
盘	1987ASBM64：7	大司空村北地	殷墟四期早段	残高 9.9、口径 27.6	326
盘	1977AGGM793：1	安钢	殷墟四期晚段	高 9.5、口径 26、圈足径 9.7	367
盘	1982AGGM873：2	安钢	殷墟四期晚段	高 11.2、口径 29.3、圈足径 10.2	373
盘	1982AGGM884：1	安钢	殷墟四期晚段	高 7.1、口径 17.9、圈足径 6.7	376
盘	1983AGZM2737：17	安钢	殷墟四期晚段	高 6.8、口径 17.7、圈足径 6.3	386
盘	1984AGM1711：10	安钢	殷墟四期晚段	残高 6、口径 17.9	390
盘	1992AGNM177：1	郭家庄西南地	殷墟四期晚段	高 7、口径 17.6、圈足径 5.7	395

盆

名称	编号	出土地点	年代	尺寸（厘米）	页码
浅腹盆	1987AXTH1：1	小屯东北地	殷墟一期早段	高 8、口径 33	07
浅腹盆	1987AXTH1：2	小屯东北地	殷墟一期早段	高 11.7、口径 28	07
浅腹盆	1987AXTH1：3	小屯东北地	殷墟一期早段	高 8.8、口径 29	08
浅腹盆	1987AXTH1：8	小屯东北地	殷墟一期早段	高 8.5、径 28	08
深腹盆	1959ASH326：22	大司空	殷墟一期晚段	高 22.4、口径 31、底径 15.5	18
深腹盆	1959ASH326：25	大司空	殷墟一期晚段	高 24.3、口径 34.7、底径 14.8	18
深腹盆	1960APNH217：6	苗圃北地	殷墟一期晚段	高 25.2、口径 35、底径 14.2	416

续表

名称	编号	出土地点	年代	尺寸（厘米）	页码
深腹盆	1960APNH217：32	苗圃北地	殷墟一期晚段	高 23.2、口径 27.5、底径 12.4	24
深腹盆	1960APNM224：3	苗圃北地	殷墟一期晚段	高 23.3、口径 32.5、底径 14.7	76
深腹盆	1973ASNH102：9	小屯南地	殷墟一期晚段	高 25.6、口径 34.5、底径 13.4	36
深腹盆	1973ASNH102：10	小屯南地	殷墟一期晚段	高 24.1、口径 30.3、底径 14.2	36
深腹盆	1976AXTH50：2	小屯西北地	殷墟一期晚段	高 25.5、口径 35、底径 14.4	38
深腹盆	1991AXTM21：4	小屯东北地	殷墟一期晚段	高 27、口径 36、底径 15	105
深腹盆	1991AXTM21：9	小屯东北地	殷墟一期晚段	高 26、口径 34、底径 15	106
深腹盆	1991AXTM21：10	小屯东北地	殷墟一期晚段	高 22、口径 32、底径 12	107
深腹盆	1991AXTM21：11	小屯东北地	殷墟一期晚段	高 22、口径 33、底径 12	107
深腹盆	2001HDM60：27	花园庄东地	殷墟一期晚段	高 23.3、口径 34.2、底径 13.3	95
深腹盆	2001HDM60：28	花园庄东地	殷墟一期晚段	高 23.5、口径 34.8、底径 14.1	96
深腹盆	2003AXNH227：4	孝民屯	殷墟一期晚段	高 27.1、口径 33.2、底径 12.9	46
深腹盆	2004ASH357：21	豫北纱厂	殷墟一期晚段	高 21.8、口径 29.8、底径 13.8	58
深腹盆	2004ASH357：22	豫北纱厂	殷墟一期晚段	高 19、口径 26.4、底径 10.3	58
深腹盆	1959APNT107 ⑤：201	苗圃北地	殷墟二期早段	残高 19、口径 32	115
浅腹盆	1961APNH22：10	苗圃北地	殷墟二期早段	高 14.8、口径 33.7、底径 16.6	118
深腹盆	1985AXTH136：29	小屯西北地	殷墟二期晚段	高 22.6、口径 31、底径 13	162
深腹盆	1985AXTH136：30	小屯西北地	殷墟二期晚段	高 24.7、口径 33.5、底径 14.5	163
深腹盆	1985AXTH136：34	小屯西北地	殷墟二期晚段	高 19.2、口径 27.3、底径 12.7	163
深腹盆	2003AXST2711 (14)：14	孝民屯	殷墟二期晚段	高 27.2、口径 30.2、底径 12.8	166
深腹盆	2003AXST2711 (15)：9	孝民屯	殷墟二期晚段	高 22、最大口径 26.8、底径 11.2	166
深腹盆	2003AXST2711 (15)：10	孝民屯	殷墟二期晚段	高 21.6、口径 27.2、底径 12	167
深腹盆	1964APNF1：2	苗圃北地	殷墟三期	高 25、口径 34.1	209
深腹盆	2003AXSH202：31	孝民屯	殷墟三期	高 17.6、口径 25、底径 11	226
深腹盆	2003AXSH202：42	孝民屯	殷墟三期	高 18.8、口径 25.4、底径 9.9	224
深腹盆	2003AXSH202：52	孝民屯	殷墟三期	高 18、口径 22.8、底径 9.6	227
深腹盆	2003AXSH202：53	孝民屯	殷墟三期	高 19、口径 25.2、底径 9.8	225
深腹盆	2003AXSH202：59	孝民屯	殷墟三期	高 24.3、口径 35、底径 14.3	225
浅腹盆	2003AXSH202：60	孝民屯	殷墟三期	高 6.5、口径 25.2、底径 15.5	227
深腹盆	2003AXSH202：63	孝民屯	殷墟三期	高 23.2、口径 2、底径 14	226
深腹盆	2003AXSH315：12	孝民屯	殷墟三期	高 25.2、口径 30.6、底径 9.6	232
深腹盆	1964APNT269 ③：21	苗圃北地	殷墟四期早段	高 23.4、口径 31.4	280
深腹盆	1972ASTH54：13	小屯西地	殷墟四期早段	高 27.1、口径 33.6、底径 13.6	282
深腹盆	1976AXTH14：2	小屯西北地	殷墟四期早段	高 19、口径 27、底径 9.9	290
深腹盆	2003AXSH12：62	孝民屯	殷墟四期早段	高 20.3、口径 31、底径 12.6	294
深腹盆	1985AXTH157：8	小屯西北地	殷墟四期晚段	高 18.7、口径 26、底径 12	343

续表

名称	编号	出土地点	年代	尺寸（厘米）	页码
			器盖		
器盖	1987AXTH1：4	小屯东北地	殷墟一期早段	高8、口径13.6	12
器盖	1987AXTH1：6	小屯东北地	殷墟一期早段	高8.5、口径13.3	12
器盖	1960APNH217：4	苗圃北地	殷墟一期晚段	高7、口径12	24
器盖	1972ASTH8：8	小屯西地	殷墟一期晚段	高8.3、底径13.1	33
器盖	1976AWBM12：2	武官北地	殷墟一期晚段	高7.1、口径13.8	101
器盖	1976AWBM12：3	武官北地	殷墟一期晚段	高8.5、口径13.4	101
器盖	1976AWBM12：4	武官北地	殷墟一期晚段	高8、口径14.5	102
器盖	1976AWBM12：5	武官北地	殷墟一期晚段	高8、口径14.1	102
器盖	1976AXTH50：3	小屯西北地	殷墟一期晚段	高9、口径12.5	38
器盖	2001HDM60：39	花园庄东地	殷墟一期晚段	高35.5、口径10.9	97
器盖	2001HDM60：40	花园庄东地	殷墟一期晚段	高16.7、口径8.5	97
器盖	2001HDM60：41	花园庄东地	殷墟一期晚段	高9.8、口径3.2	98
器盖	2004ASH357：26	豫北纱厂	殷墟一期晚段	高4.6、口径13.6	60
器盖	1971AHGM5：6	后冈	殷墟二期	通高10.7、下口径10.9	179
器盖	1976AXTH22：11	小屯西北地	殷墟二期晚段	高9.5、口径15.5	153
器盖	1977AGGM701：68	安钢	殷墟四期早段	高8.2、口径12.9	311
器盖	2003AXSH12：68	孝民屯	殷墟四期早段	高6、口径23.5	295
器盖	1975AXTF10：14	小屯北地	殷墟四期晚段	高11、口径18	329
器盖	1976AXTH71：29	小屯西北地	殷墟四期晚段	高5.5、盖径15、子口径12	340
器盖	1985AXTH157：6	小屯西北地	殷墟四期晚段	高7.5、口径22.5	343
			勺		
勺	2003AXSF15-1：1	孝民屯	殷墟一期晚段	高5.6、口径10.3、底径6	48
			瓮		
高体圈底瓮	1962APNM10：1	苗圃北地	殷墟一期晚段	高72.5、口径33.3	79
高体圈底瓮	1962ASM15：1	豫北纱厂	殷墟二期晚段	高60.5、口径29.6	175
高体圈底瓮	1962ASM26：1	豫北纱厂	殷墟三期	高67.1、口径31	244
高体圈底瓮	1972ASTT31③	小屯西地	殷墟三期	高72.5、口径33.3	211
高体平底瓮	2004AF22：2	豫北纱厂	殷墟四期	高61.2、口径33.2	278
高体圈底瓮	1982AGGM884：4	安钢	殷墟四期晚段	高58.8、口径24.2	377

续表

名称	编号	出土地点	年代	尺寸（厘米）	页码
筒形器					
筒形器	2003AXNH227：6	孝民屯	殷墟一期晚段	高 13.2、孔径 8-9	46
甗					
甗	1971ASTH1：14	小屯西地	殷墟一期晚段	高 41.9、口径 35	28
甗	2003AXSM776：2	孝民屯	殷墟一期晚段	残高 21、口径 27.6	111
甗	2004ASH357：12	豫北纱厂	殷墟一期晚段	高 40.5、口径 31.6	55
甗	1961APNH4：2	苗圃北地	殷墟二期晚段	高 42.5、口径 30.5	141
甗	1976AXTH14：41	小屯西北地	殷墟四期早段	高 35.2、口径 35	286
甗	1984AGM1711：3	安钢	殷墟四期晚段	高 19.1、口径 15.9	389
卣					
筒形卣	1983ASM663：56	豫北纱厂	殷墟二期晚段	通高 36.7、器高 29.1、器口径 12.6、器底径 12.3、盖高 11.3、盖底径 15.5	188
筒形卣	1960VAT1③A：31	孝民屯	殷墟三期	高 26.5、圈足径 13.2	209
筒形卣	1985AXTH111：5	小屯西北地	殷墟三期	高 29、口径 13.4、圈足径 13.7	215
卣	1976AGXM1013：9	安钢	殷墟四期晚段	高 18.1、口径 11.7、圈足径 13.5	365
卣	1984AGM1711：5	安钢	殷墟四期晚段	通高 22.2、口径 9.1、器口径 10.4、圈足径 12	393
盂					
盂	1987AXTH1：5	小屯东北地	殷墟一期早段	高 7.6、口径 11.4	04
带盖盂	1959WGM1：17	武官北地	殷墟一期晚段	通高 12.9、器高 7.4、口径 11.4、圈足径 7.2、盖高 7.6、口径 10.8	71
带盖盂	1959WGM1：20	武官北地	殷墟一期晚段	通高 11.5、器高 6.8、器口径 9.9、圈足径 7.4、盖高 5、盖口径 10	72
带盖盂	1959WGM1：21	武官北地	殷墟一期晚段	通高 13、器高 7.3、器口径 11、圈足径 6.8、盖高 6、盖口径 11.7	73
带盖盂	1959WGM1：22	武官北地	殷墟一期晚段	通高 12.5、器高 7.1、口径 11、圈足径 7、盖高 5.8、盖口径 10.4	72
盂	2001HDM60：38	花园庄东地	殷墟一期晚段	高 8.3、口径 12.5	93
盂	1976AXTH22：4	小屯西北地	殷墟二期晚段	高 7、口径 16、圈足高 2.8	148
盂	1983ASM663：6	豫北纱厂	殷墟二期晚段	高 8.4、口径 12.9、圈足径 8.9	187
盂	1984AXTH102：7	小屯西北地	殷墟二期晚段	高 7.5、口径 12.2、圈足径 8	155
盂	2003AXSH202：46	孝民屯	殷墟三期	高 5.4、口径 7.1、足径 5.3	223

续表

名称	编号	出土地点	年代	尺寸（厘米）	页码
甑					
甑	1963APNH72：2	苗圃北地	殷墟一期晚段	高 22.5、口径 35.2、底径 12.4	26
甑	1963APNH72：23	苗圃北地	殷墟一期晚段	高 23.2、口径 30.3、底径 12	25
甑	1976AXTH52：2	小屯西北地	殷墟二期早段	高 26、口径 36、底径 13.2	120
甑	2003AXST2711⑭：6	孝民屯	殷墟二期晚段	高 26.3、口径 35.2、底径 14	165
甑	2003AXST2811⑭：15	孝民屯	殷墟二期晚段	高 27.2、口径 36.2、底径 14.6	165
甑	2003AXSH202：65	孝民屯	殷墟三期	高 27、口径 36.2、底径 13.7	222
甑	2003AXSH315：13	孝民屯	殷墟三期	高 25、口径 32.6、底径 12.8	232
甑	2003AXSH428：6	孝民屯	殷墟三期	高 21.2、口径 33.5、底径 13.5	235
甑	2003AXSH12：83	孝民屯	殷墟四期早段	高 20.1、口径 29.6、底径 9.8	293
甑	1976AXTH71：30	小屯西北地	殷墟四期晚段	高 24、口径 32.7、底径 11.5	337
甑	1976AGGM716：4	安钢	殷墟四期晚段	高 19.6、口径 24.9、底径 10.6	357
尊					
尊	1960APNH25：32	苗圃北地	殷墟一期晚段	高 18、口径 22.8、圈足径 10	20
仿铜尊	1972ASTH8：9	小屯西地	殷墟一期晚段	残高 22.9、圈足径 10.6	32
尊	1976AXTH50：4	小屯西北地	殷墟一期晚段	高 21、口径 24、圈足径 11.3	37
尊	1982APNH8：2	苗圃北地	殷墟一期晚段	高 19、口径 22.5、圈足径 11.4	43
小型尊	2001HDM60：37	花园庄东地	殷墟一期晚段	高 14.2、口径 8.9	94
大口尊	2005AXTH10：1	小屯北地	殷墟一期晚段	高 102、口径 60.8、肩径 43.2	65
尊	1971ATM25：1	高楼庄南地	殷墟二期早段	高 22、口径 24.8、圈足径 10.8	133
仿铜尊	1992HDM76：1	花园庄东地	殷墟二期早段	高 26.7、口径 26.4、圈足径 18.6	136
尊	1958AGT31⑤：48	安钢	殷墟二期晚段	高 17、口径 23、圈足径 11.3	139
尊	1973ASNH38：21	小屯南地	殷墟二期晚段	高 18.7、口径 22.7、圈足径 12.8	143
尊	1973ASNH79：6	小屯南地	殷墟二期晚段	高 19.5、口径 24、圈足径 11.4	144
尊	1976AXTH22：8	小屯西北地	殷墟二期晚段	高 25.5、口径 23、圈足径 11	151
尊	1984AXTH102：2	小屯西北地	殷墟二期晚段	高 21.6、口径 28.5、圈足径 12.5	156
尊	1984AXTH102：3	小屯西北地	殷墟二期晚段	高 19、口径 25、圈足径 12	157
尊	1984AXTH102：19	小屯西北地	殷墟二期晚段	高 18、口径 23.5、圈足径 12.8	157
尊	2003AXSH202：40	孝民屯	殷墟三期	高 27、口径 23、圈足径 13.6	224
尊	2004AXSH683：41	孝民屯	殷墟三期	高 29.6、口径 21.2、圈足径 14.4	240
尊	1976AXTH14：1	小屯西北地	殷墟四期早段	高 24、口径 19、圈足高 4.5	289
尊	1978AGSM1571：9	安钢	殷墟四期早段	高 25.3、口径 19.2、圈足径 13.3	313
尊	1976AXTH71：27	小屯西北地	殷墟四期晚段	高 25、口径 20、圈足径 13.5	339
尊	1976AGXM1013：12	安钢	殷墟四期晚段	高 21.7、口径 18.5、圈足径 11.9	365

续表

名称	编号	出土地点	年代	尺寸（厘米）	页码
尊	1977AGGM793：7	安钢	殷墟四期晚段	高 23.5、口径 20.2、圈足径 14.8	368
仿铜尊	1982 供电局仓库 M3：8	郭家庄东	殷墟四期晚段	高 23.4、口径 20.4、圈足径 13.2	380
尊	1984AGM1711：4	安钢	殷墟四期晚段	高 20.6、口径 16.4、圈足径 10.6	393

二　其他地区文化风格的陶质类器物

名称	编号	出土地点	年代	尺寸（厘米）	推测的文化风格	页码
鬲	2003AXSH226⑤：117	孝民屯	殷墟三期	高 18.3、口径 21.4	郑州、许昌地区晚商文化	230
鬲	1974AGXM237：2	安钢	殷墟四期早段	高 13.4、口径 14.3	郑州、许昌地区晚商文化	303
鬲	2003AXSG5：2	孝民屯	殷墟四期早段	残高 13、口径 16.9	郑州、许昌地区晚商文化	291
罐	1959ASH317：381	大司空	殷墟一期晚段	高 32.3、口径 10.4、底径 11	晋陕高原青铜文化	14
鬲	2003AXSG14：2	孝民屯	殷墟一期晚段	高 19.8、口径 14.1	晋陕高原青铜文化	49
甗	2003AXSM776：1	孝民屯	殷墟一期晚段	残高 20.8、口径 26	晋陕高原青铜文化	112
花边鬲	2003AXSM776：3	孝民屯	殷墟一期晚段	高 21.1、口径 19.6	晋陕高原青铜文化	110
罐	2004ASH431②：8	豫北纱厂	殷墟一期晚段	高 28.6、口径 10、底径 15.7	晋陕高原青铜文化	61
鬲	2004AXSF102-2：2	孝民屯	殷墟一期晚段	高 16.5、口径 13.6	晋陕高原青铜文化	62
鬲	2004AXSF106-1：2	孝民屯	殷墟一期晚段	高 22.2、口径 16	京津地区的大坨头文化	64
鬲	1972ASTH54：10	小屯西地	殷墟四期早段	残高 12.8、口径 12.2	陕北黄土高原西南部边缘地带的商代文化	281
鬲	2004ASH314：12	豫北纱厂	殷墟二期早段	高 17.7、口径 19.2	山东北部商文化	124
甗	2004ASH314：13	豫北纱厂	殷墟二期早段	高 22.7、口径 28.6、底径 11.3	山东北部商文化	124
煮盐器	1972ASTT11A⑥B：10	小屯西地	殷墟四期早段	高 18.8、口径 17	山东北部商文化	283
鬲	1966AST305⑤B：1	豫北纱厂	殷墟三期	高 18.7、口径 9.7	山东南部商文化	210
鬲	1992ASM1131：1	豫北纱厂	殷墟四期晚段	高 21.4、口径 10.9	山东南部商文化	396
鬲	1976AXTH58：3	小屯西北地	殷墟一期晚段	高 18、口径 18.4	山东西南部商文化	40
鬲	2010AGDDIH26：1	安钢大道	殷墟一期晚段	高 21、口径 17.1	山东西南部商文化	66
鬲	2003AXSH7：18	孝民屯	殷墟三期	高 17.4、口径 17.2	山东西南部商文化	216
鬲	2003AXSH20：2	孝民屯	殷墟三期	高 13.7、口径 16.4	河南南部商文化	216
三足瓮	2003AXNH227：5	孝民屯	殷墟一期晚段	高 41.2、口径 19.2	晋中地区商文化	47
鬲	2003AXSF29-1：1	孝民屯	殷墟一期晚段	高 20.6、口径 15.6	晋中地区商文化	48
鬲	2003AXSF69：2	孝民屯	殷墟一期晚段	高 18.6、口径 13.6	晋中地区商文化	49
鬲	2003AXSM776：5	孝民屯	殷墟一期晚段	高 20.7、口径 17	晋中地区商文化	110
鬲	2004AXSF106-3：1	孝民屯	殷墟一期晚段	高 20、口径 15.6	晋中地区商文化	64

续表

名称	编号	出土地点	年代	尺寸（厘米）	推测的文化风格	页码
三足瓮	2004ASF38 垫 土层：1	豫北纱厂	殷墟四期	高 37.4、口径 29.3	晋中地区商文化	279
素面鬲	1976AXTH8：9	小屯西北地	殷墟四期早段	高 9.4、口径 7.6	珍珠门文化	284
素面鬲	2008ATYH88：1	体育运动学校	殷墟四期早段	高 24.2、口径 22.2	珍珠门文化	298
素面鬲	2017APH129：1	铁路林场	殷墟四期早段	高 19.6、口径 20.4	珍珠门文化	299
瘪裆鬲	2015ALNH102：6	刘家庄北地	殷墟二期早段	高 19.6、口径 15.7	先周文化	126
瘪裆鬲	2003AXSH12：76	孝民屯	殷墟四期早段	高 13.6、口径 15.7	先周文化	292
鬲	1973ASNH32：1	小屯南地	殷墟三期	残高 13.2、口径 16.2	鄂东地区商代晚期文化	212
硬陶器盖	1984AXTM34	小屯西北地	殷墟二期早段	高 6.5、底径 16.1、盖钮径 6.9	湘江下游地区商代晚期文化	134
硬陶瓿	1959APN Ⅲ T8③：1	苗圃北地	殷墟二期晚段	高 39、口径 29、圈足径 34.9	湘江下游地区商代晚期文化	139
硬陶瓿	1976AWBM229：4	武官北地	殷墟二期晚段	高 23.5、底径 24.4	湘江下游地区商代晚期文化	180
硬陶瓿	1976AWBM229：5	武官北地	殷墟二期晚段	高 20.7、口径 14.4、底径 17.1	湘江下游地区商代晚期文化	180
硬陶瓿	1989ALNM254：7	刘家庄北地	殷墟二期晚段	高 39、口径 35.4、底径 38.8	湘江下游地区商代晚期文化	193
硬陶瓿	1973ASNT46③A：3	小屯南地	殷墟三期	高 15、口径 19.5、圈足径 1.2	湘江下游地区商代晚期文化	212
硬陶罐	1987ASBM64：8	大司空北地	殷墟四期早段	高 15.4、口径 10.2、底径 7.3	湘江下游地区商代晚期文化	327
硬陶瓿	1966ASM373：4	豫北纱厂	殷墟四期晚段	高 9.7、口径 10.3、圈足径 6.3	湘江下游地区商代晚期文化	351
硬陶罐	1992AGNM177：6	郭家庄西南地	殷墟四期晚段	通高 9.6、口径 9.6	湘江下游地区商代晚期文化	396
原始瓷罐	1977AGGM701：58	安钢	殷墟四期早段	高 24.7、口径 19.5、底径 19	江西地区商代晚期文化	310
原始瓷豆	1975AXTF11：49	小屯北地	殷墟四期晚段	残高 7.1、口径 12	江西地区商代晚期文化	331
原始瓷壶	1975AXTF11：50	小屯北地	殷墟四期晚段	厚 0.6、高 17.5、口径 5.6、底径 9.5	江西地区商代晚期文化	332
原始瓷罐	1975AXTF11：61	小屯北地	殷墟四期晚段	高 27.2、口径 23.5、底径 10.6	江西地区商代晚期文化	333

殷墟出土陶器

续表

名称	编号	出土地点	年代	尺寸（厘米）	推测的文化风格	页码
原始瓷钵	1975AXTF11：62	小屯北地	殷墟四期晚段	高 32、口径 16.3	江西地区商代晚期文化	332
原始瓷瓿	1975AXTF11：63	小屯北地	殷墟四期晚段	残高 14.1、底径 11.9	江西地区商代晚期文化	333
原始瓷豆	1966ASM373：2	豫北纱厂	殷墟四期晚段	高 7.3、口径 13.8	江西地区商代晚期文化	351
鬲	1960AVET11 ⑤：58	王裕口西地	苗圃北地	高 19.6、口径 21.6	非殷墟文化风格	117
鬲	1973ASNH37：7	小屯南地	殷墟二期早段	高 25.1、口径 18.911	非殷墟文化风格	118
鬲	1970AWM3：2	未知	殷墟三期	高 13.6、口径 13.7	非殷墟文化风格	247
鬲	1990AGM1229：4	孝民屯东南地	殷墟三期	高 11.3、口径 12.8	非殷墟文化风格	261
鬲	2003ALNM1179：2	刘家庄北地	殷墟三期	高 17.6、口径 14.5	非殷墟文化风格	271
鬲	2003AXSH202：17	孝民屯	殷墟三期	残高 18.9、口径 19.4	非殷墟文化风格	222
鬲	2003AXSH202：47	孝民屯	殷墟三期	高 32、口径 32.8	非殷墟文化风格	221
鬲	2003AXSH36：1	孝民屯	殷墟三期	高 22.8、口径 20.3	非殷墟文化风格	217
鬲	2003AXSH416：4	孝民屯	殷墟三期	残高 17.6、口径 16.4	非殷墟文化风格	217
鬲	2004ASH3：12	豫北纱厂	殷墟四期早段	高 28、口径 31.8	非殷墟文化风格	296
鬲	2004ASH48：2	豫北纱厂	殷墟四期早段	高 17.2、口径 16.9	非殷墟文化风格	297
鬲	1975AXTF10：32	小屯北地	殷墟四期晚段	高 13.8、口径 13.9	非殷墟文化风格	328
鬲	1975AXTF11：65	小屯北地	殷墟四期晚段	高 12.9、口径 15.8	非殷墟文化风格	331
鬲	1983AGZM2737：10	安钢	殷墟四期晚段	高 16.2、口径 17.5	非殷墟文化风格	382

三 其他

1. 建材

名称	编号	出土地点	年代	尺寸（厘米）	页码
陶三通排水管	1972 白家坟西地采	白家坟西地	殷墟	长 41	402
排水管	2004ASF23 北侧排水管：1	豫北纱厂	殷墟四期	长 35、直径 15.5	279

2. 工具

名称	编号	出土地点	年代	尺寸（厘米）	页码
箕形器	1960APNT15⑤：16	苗圃北地	殷墟	高 10	399
陶垫	2010AGDDⅡH188：1	刘家庄北地	殷墟	高 10、顶面 8.9	400
陶垫	2010AGDDⅡH188：2	刘家庄北地	殷墟	长 10	400
箕形器	2011ASH59：2	豫北纱厂	殷墟三期	最高 10、长 12	241
陶瓶	1975AXTF10：15	小屯北地	殷墟四期晚段	直径 9、厚 0.6	329

3. 乐器

名称	编号	出土地点	年代	尺寸（厘米）	页码
埙	2003AXSM17：15	孝民屯	殷墟三期	高 4.7、顶端孔径 0.6	274
埙	2003AXSM17：35	孝民屯	殷墟三期	高 7.1、顶端孔径 0.8	274

4. 陶塑

名称	编号	出土地点	年代	尺寸（厘米）	页码
人饰	1966ASNJ8：1	豫北纱厂	殷墟	残高 7.5	401
陶人像	2010ALNH77：12	刘家庄北地	殷墟二期	高 18.6、肩宽 10.4	115
兽头	2003AXSM17：56	孝民屯	殷墟三期	通高 9.2、长 10.4、宽 8.9	274
人面饰器盖	1971AHGM5	后冈	殷墟二期晚段	通 高 10.7、 下 口 径 10.9	179
人头	2003AXSM9：1	孝民屯	殷墟四期	高 3、宽 2.7	277

后　记

　　编撰一本殷墟陶器图录的想法，为唐际根博士（时任中国社会科学院考古研究所安阳工作站站长）提出，并在 2016 年安阳举办的有关殷墟保护会议间隙，向参会的李伯谦先生请教，会下临时召开小会，就李宏飞博士据公开发表资料选定的一些器物清单做了讨论，初步定为选定标本限于传统的殷墟范围内有关殷墟文化的陶质类器物。2017 年，为迎接殷墟考古九十周年纪念，编纂《殷墟出土陶器》一书正式列入中国社会科学院考古研究所安阳工作站工作计划。

　　殷墟考古始于 1928 年 10 月，主要工作由中央研究院历史语言研究所主持，1937 年因抗日战争中断。1950 年以来，主要由中国科学院考古研究所（后隶属中国社会科学院）安阳队在当时划定的殷墟重点保护区、安阳市文物工作队（后改为安阳市文物考古研究所）在殷墟外围长期从事殷墟考古，发掘、出土了大量殷墟文物，其中出土最多的是陶质类文物。这是殷墟考古人 90 年来辛勤工作，发掘、研究和保护殷墟这个中国古代文化遗产的重要见证。

　　编纂《殷墟出土陶器》的工作，先对殷墟近 90 年来发表的陶质类文物资料做了较全面的梳理，然后从 20 世纪 50 年代以来出土、保存在安阳站的陶质类文物中选定标本，又经过标本照相、已刊发部分标本的核对、编写说明、制作索引等。这是一项集体性工作，三位主编就标本的选定、图录的编排方式、标本说明、制作索引等反复讨论。书中照片，除几件器物为王博拍摄外，其他为安阳站的汤永峰拍摄，王新丽和管明丽辅助完成，屈光富、岳小燕、何海慧、孟军、张婷只等同志也付出了很多辛苦的劳动。

　　安阳站的文物因多方面原因多次搬移，早年发掘的已修复的文物，因年久多散乱成片、来不及重新修复，所以一些单位的标本没有找全、拍照，加之本项工作基本是在繁忙的田野考古工作间隙完成，时间仓促，错误在所难免，敬请读者斧正。

2018 年 4 月 20 日

图书在版编目（CIP）数据

殷墟出土陶器 / 牛世山，岳洪彬，岳占伟主编 . --
北京：社会科学文献出版社，2018.10（2023.1 重印）
（发现殷墟丛书）
ISBN 978-7-5201-3306-7

Ⅰ . ①殷… Ⅱ . ①牛… ②岳… ③岳… Ⅲ . ①陶器（
考古）－研究－安阳－商代 Ⅳ . ① K876.34

中国版本图书馆 CIP 数据核字 (2018) 第 192604 号

发现殷墟丛书
殷墟出土陶器

丛书主编 / 陈星灿　唐际根
主　　编 / 牛世山　岳洪彬　岳占伟

出 版 人 / 王利民
项目统筹 / 周　丽　高　雁
责任编辑 / 高　雁　李　佳　李　淼
责任印制 / 王京美

出　　版 / 社会科学文献出版社（010）59367143
　　　　　地址：北京市北三环中路甲 29 号院华龙大厦　邮编：100029
　　　　　网址：http://www.ssap.com.cn
发　　行 / 社会科学文献出版社（010）59367028
印　　装 / 北京盛通印刷股份有限公司

规　　格 / 开　本：787mm×1092mm　1/16
　　　　　印　张：29.5　字　数：495 千字
版　　次 / 2018 年 10 月第 1 版　2023 年 1 月第 2 次印刷
书　　号 / ISBN 978-7-5201-3306-7
定　　价 / 298.00 元

读者服务电话：4008918866